Lo que verdaderamente importa

JOSHUA BECKER

Lo que verdaderamente importa

Evita las distracciones para lograr
una vida con sentido

Urano

Argentina - Chile - Colombia - España
Estados Unidos - México - Perú - Uruguay

Título original: *Things that matter*
Editor original: Waterbrook, an Imprint of Random House
Traducción: Daniela Rocío Taboada

1.ª edición Abril 2024

ISBN: 978-84-18714-48-1
E-ISBN: 978-84-19936-77-6
Depósito legal: M-2.703-2024

Fotocomposición: Ediciones Urano, S.A.U.

Impreso por: Rotativas de Estella – Polígono Industrial San Miguel – Parcelas E7-E8
31132 Villatuerta (Navarra)

Impreso en España – *Printed in Spain*

Para mi abuelo, el reverendo Harold E. Salem

Índice

PRIMERA PARTE

EL OBJETIVO
Y LOS OBSTÁCULOS

1

Una vida sin arrepentimientos

Empezar con la vista puesta en el fin

No se nos da una vida corta sino que la acortamos,
y no estamos mal abastecidos sino que la desperdiciamos...
La vida es larga si se sabe cómo usarla.

Séneca, *De la brevedad de la vida*

Bronnie Ware, una enfermera australiana que pasó varios años cuidando a pacientes en sus últimas semanas de vida, les preguntaba sistemáticamente de qué se arrepentían o qué harían diferente si pudieran volver atrás. Después publicó un artículo titulado De qué te arrepentirás antes de morir con sus hallazgos. En él, Ware hablaba de la magnífica lucidez que tenía la gente al final de su vida, así como de los temas habituales que se repetían una y otra vez en esas conversaciones. Este artículo se ha compartido millones de veces online y se convirtió en un libro en 2012.[1]

Es una premisa fascinante, ¿no? ¿De qué se arrepienten más las personas respecto a sus vidas?

No incluiré aquí la lista. Pero sí quiero preguntarte: ¿Qué darías por saber qué incluye la lista? ¿Cuánto te tienta buscar el artículo en Google ahora mismo para ver de qué se arrepiente principalmente la gente al final de su vida? Y aún más importante: ¿De dónde viene ese deseo de conocer aquello de lo que se arrepienten quienes están a punto de morir?

¿Es posible que tu gran interés deje en evidencia que te preocupa haber desperdiciado tu propia vida?

Ahora que te he hecho pensar en ello, si aún quieres saber qué incluye la lista, puedes consultarla en la primera nota al final del libro.

¿Por qué se hizo viral una lista de aquello de lo que se arrepentía la gente antes de morir? Porque todos sabemos que algún día también estaremos cerca de la muerte y no queremos arrepentirnos de nada cuando llegue nuestro turno. Y también creo que es porque ya estamos empezando a arrepentirnos de nuestras decisiones vitales.

Es habitual que las personas de mediana edad, e incluso los adultos jóvenes, sientan una ansiedad constante al pensar que están malgastando su tiempo y sus recursos en cosas que no son importantes, a la vez que no se enfocan lo suficiente en las cosas y las personas que realmente importan. Y es fácil pensar que algún día nos arrepentiremos de ello si no hacemos un cambio. Sin embargo, seguimos haciendo lo mismo, priorizando lo insignificante por encima de lo indispensable.

Seguimos haciendo lo mismo, priorizando lo insignificante por encima de lo indispensable.

Algo tiene que cambiar. Y nos queda un tiempo limitado en cada una de nuestras vidas para hacer ese cambio.

Por el camino, siempre tomaremos decisiones tontas que más tarde desearemos no haber tomado. Así que, probablemente, es imposible vivir la vida sin arrepentirnos de nada. Pero, sin duda, sí que es posible hacer cambios que nos saquen del camino fácil de estar inmersos en lo ordinario y lo inmediato, y que nos pongan en un camino más intencional que nos lleve a una vida satisfactoria que resuene más allá de nuestra existencia mortal: una vida bien vivida. Si podemos elegir, ¿acaso no quiere todo el mundo una vida con menos lamentos y más plenitud?

Un día, no hace mucho, me vi obligado a enfrentarme a algo que tenía que hacer sí o sí antes de morir. Y quiero contártelo ahora, porque tiene que ver contigo.

Una cosa

En octubre de 2019 estaba con varios miembros de mi personal en una conferencia llamada *Start Finishing* («Empieza por terminar») en el laboratorio de aprendizaje de K'é Main Street (Arizona). Charlie Gilkey, autor de un libro que llevaba el mismo título que la conferencia, fue nuestro orador durante el día. Charlie nos dijo que quería que fuéramos específicos a la hora de aplicar lo aprendido en el taller en el trabajo más importante de nuestra vida. Para ayudarnos a definir cuál era ese trabajo nos pidió: «Cerrad los ojos y responded a esta pregunta: "Si fueras a morir hoy, ¿qué proyecto te decepcionaría más no haber podido terminar?"».

Después de hacernos a nosotros mismos esa pregunta, compartimos en la mesa qué trabajo considerábamos más importante. La joven sentada a mi lado mencionó un proyecto de arte que quería concluir. Una madre con dos hijos habló de su deseo de preparar a sus dos adolescentes para la vida. En cuanto a mí, sin dudarlo, respondí así la pregunta de Charlie: «Si muriera hoy, lo que más me decepcionaría sería no haber escrito el libro en el que llevo mucho tiempo pensando».

Apuesto a que puedes adivinar qué libro era.

Es el que estás leyendo ahora mismo.

Llevaba un tiempo pensando en escribir un libro que utilizara los principios del minimalismo por los que me conoce la gente y mostrara a grandes rasgos cómo las distracciones evitan que nos acerquemos a lo esencial, a nuestro propósito y a la satisfacción personal. Y en ese instante, en el laboratorio de aprendizaje, escribir este libro se convirtió en mi tarea prioritaria. Porque hay un mensaje que me motiva más que cualquier otro, y no es ayudar a las personas a limpiar sus armarios, por muy útil que sea. El mensaje que más me apasiona es el de invitarlos a llevar una vida intencional y con sentido. Además de por mi fe y por mi familia, quiero que me recuerden por este mensaje cuando ya no esté aquí.

Llevo años leyendo, escribiendo y hablando sobre este tema, lo cual me ha dado la oportunidad de conocer muchos puntos de vista e historias diversas. Ahora recopilo las reflexiones más importantes en un libro, enfocándome sobre todo en cómo cultivar la atención necesaria para vivir de acuerdo con tus prioridades. En estas páginas quiero mostrarte qué necesitas erradicar de tu vida para que puedas hacer una transición hacia una vida más intencional.

Tener una vida con propósito es importante, no solo para mí o para unos pocos como yo. Es importante para todo el mundo, porque todos tenemos al menos una cosa (probablemente más de una) que sentimos que debemos hacer sí o sí antes de morir. Y no me refiero a la típica lista de cosas pendientes de hacer antes de morir, como «volar en globo aerostático», sino a vivir de un modo que marque la diferencia. Me refiero a ser consciente de que nuestra vida importa y de que tiene un impacto positivo en el mundo, de que nuestra existencia tiene sentido.

Esto me lleva a ti. Deja que te haga la misma pregunta que Charlie Gilkey me hizo: si te fueras a morir hoy, ¿qué cosa (o cosas) te decepcionaría más no haber podido lograr? Por favor, detente en esta pregunta. Para y reflexiona sobre ello. Identifica tus objetivos principales con claridad y de manera específica.

Si te fueras a morir hoy, ¿qué cosa (o cosas)
te decepcionaría más no haber podido lograr?

Mientras preparaba este libro, realicé una encuesta representativa a nivel nacional (*Things that Matter Survey*) donde hice algunas preguntas relacionadas con los temas de este libro.[2] Mencionaré la encuesta con frecuencia en los próximos capítulos, y creo que los resultados te resultarán fascinantes. Para empezar, una de las preguntas que hicimos fue: «¿Dirías que has podido identificar con claridad un propósito (o propósitos) para tu vida?». Me alegró ver que el 70 por ciento de los encuestados respondió que sí. El 19 por ciento contestó que no y el 11 por ciento, que no lo sabía.

---

* Encuesta solo disponible en inglés.

¿Dirías que has podido identificar con claridad un propósito (o propósitos) para tu vida?

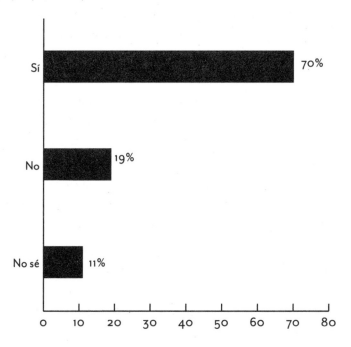

¿Sabes cuál o cuáles son tus propósitos? Si la respuesta es negativa o no lo sabes con certeza (como el 30 por ciento de los participantes de la encuesta), te invito a realizar al ejercicio «Descubre tus propósitos» al final de este libro. Te ayudará a pensar metódicamente en los deseos que se superponen a tus pasiones, tus habilidades y las necesidades del mundo. Descubrirás qué contribuciones son las que prefieres hacer y para cuáles tienes madera.

Si eres parte del 70 por ciento y crees saber cuál es tu propósito, me alegro mucho. Sin embargo, te animo a que mantengas la mente abierta, porque lo más probable es que este libro te ayude a redefinir o refinar lo que te importa mientras lo lees.

Ahora quiero que empieces a creer que no es demasiado tarde para reorientar tu vida en torno a tus propósitos. Puedes hacer algo ahora mismo para vivir la vida que quieres y, con el tiempo, llegar al momento final con menos arrepentimiento.

Puedes hacer algo ahora mismo
para vivir la vida que quieres.

El objetivo de este libro no es dar una receta de «cómo ser feliz», aunque creo que llevar una vida alineada con tus valores y pasiones es el camino más rápido a la felicidad tanto a corto como a largo plazo. Este libro va mucho más allá de tus sentimientos; va de cómo vives la única vida que tienes y de cómo mantenerla alineada con las cosas que importan. Me atrevo a decir que el mundo «necesita» que vivas para aquello que te importa porque eres tu versión más productiva e influyente cuando ofreces tu perspectiva única.

No hay mejor búsqueda para ti y para los demás que elegir llevar una vida significativa centrada en lo que verdaderamente importa.

Cómo hacer que tu vida dure lo suficiente

En la universidad tuve un profesor que nos enseñó lo siguiente: «Lean libros de siglos pasados, porque todos los autores vivos nadan en las mismas corrientes culturales e ideológicas. Pero un libro de hace siglos dará una perspectiva diferente y desafiará sus pensamientos de nuevas maneras».

He intentado seguir ese consejo en mi vida. De hecho, muchas de mis ideas sobre Dios, el minimalismo, vivir con un propósito y otros temas que me importan han salido de hombres y mujeres sabios de épocas pasadas, que dan una perspectiva fresca que los académicos o expertos modernos no pueden ofrecen. Y he descubierto que los temas que se repiten en distintas épocas y lugares suelen ser temas que aún pueden mostrarnos cómo tener una vida mejor.

Con eso en mente, quiero compartir contigo una cita que ha significado mucho para mí desde hace varios años. Es de Séneca el Joven, un filósofo romano que nació más o menos en la misma época que Jesús de Nazaret:

«No recibimos una vida corta sino que desperdiciamos gran parte de ella. La vida es larga y nos han dado una cantidad generosa y suficiente de ella para alcanzar grandes logros si la invertimos bien. Pero cuando la desperdiciamos en lujos sin sentido y la malgastamos en actividades que no son buenas, al final, cuando la muerte nos alcanza, nos damos cuenta de que la vida ha pasado sin que lo notáramos. Es así: no recibimos una vida corta, sino que la hacemos corta; no somos menesterosos de ella, sino derrochadores...

La vida es larga si sabes cómo usarla.»[3]

Hay mucho que digerir en ese fragmento. Insisto en que lo releas, e incluso en que subrayes con un bolígrafo aquellas frases que hayan captado tu atención. Empieza por «desperdiciamos gran parte de ella».

Esta valiente afirmación de Séneca es a lo que me refiero cuando hablo de vivir con intención. Se trata de vivir con un propósito. De dedicar nuestro tiempo limitado a «grandes logros» en vez de a «lujos sinsentido» o a «actividades que no son buenas». Porque, si lo hacemos, descubriremos que la vida dura lo suficiente para hacer lo que más importa.

Cómo llegar al final de nuestra vida con el mínimo arrepentimiento: elegimos bien; dejamos de lado lo insignificante para ir tras aquello que le da sentido a nuestra vida. Y lo hacemos todos los días.

Séneca nos señala la respuesta al dilema de cómo llegar al final de nuestra vida con el mínimo de arrepentimientos: «Elegimos bien. Dejamos de lado lo insignificante para ir tras lo que le da sentido a nuestra vida. Y lo hacemos todos los días».

Otorgar significado

Para mí, aprender a llevar una vida con propósito no fue una epifanía instantánea, aunque hubo varios momentos reveladores en el camino. Se trató más bien de un crecimiento gradual de mi comprensión, en lo que influyó lo que fue sucediendo en mi vida en el transcurso de muchos años.

Mi educación religiosa me preparó para pensar en las prioridades y en buscar lo importante de la vida. Hizo que me enfocara en qué cuestiones importan para la eternidad y cuáles no. Así que, de joven, me convertí en sacerdote y pasaba mi tiempo ayudando a los demás a encontrar su camino en la vida con las enseñanzas de la Biblia. Así que le debo mucho a mi familia y a mi educación religiosa por haberme sensibilizado a los temas de los que hablaremos en este libro. (Por cierto, este libro no es un libro religioso, pero dado que mi fe me ha hecho ser quien soy, haré referencia por momentos a mi propia historia religiosa). A pesar de los beneficios de mi crianza, no fue hasta después de haberme convertido en minimalista al poco de cumplir los treinta que liberé espacio mental, e incluso obligué a mi mente a abordar el asunto de las prioridades.

Si has leído alguno de mis libros o las publicaciones de mi blog durante los últimos doce años o más, sabes lo importante que es para mí vivir con sencillez.[4] De hecho, una de las mayores pasiones de mi vida es inspirar y ayudar a otros a tener menos posesiones. El minimalismo es muy importante para mí. Sin embargo, en mi opinión, el minimalismo siempre ha sido un medio para un fin en vez de un fin en sí mismo.

Defino el minimalismo como «la priorización deliberada de las cosas que más valoramos eliminando cualquier cosa que nos distraiga de ellas». No es algo negativo, sino positivo. La cuestión central no es descartar cosas y organizar, sino que es crear libertad. Porque cuando tenemos menos posesiones, liberamos energía, tiempo y una atención de gran valía que podemos dirigir a objetivos más significativos.

He experimentado los beneficios de esta realidad en mi propia vida. El minimalismo me dio la capacidad de explorar a fondo la cuestión de tener una vida con propósito y mi manera de ver el mundo. Empecé a pensar: «Acumular cada vez más posesiones es un objetivo tonto si lo piensas bien, pero no es el único objetivo tonto en la vida. Entonces ¿cuáles son otras distracciones que veo en mi vida? ¿O en la vida de personas cercanas? ¿Es posible arrepentirnos de menos cosas en la vida? Y en caso afirmativo, ¿qué impide a la gente tener una vida plena de maneras que ni siquiera percibe?

Poco a poco comencé a experimentar con mi nueva libertad para ver qué podía hacer para ayudar a los demás, y eso me dio alegría. Y, con total honestidad, desde que mi familia se deshizo de la mayoría de nuestras pertenencias en 2008, he logrado mucho más en mi vida de lo que creí posible. No es porque yo sea especial, sino porque vivo con propósito.

¿Quieres que comparta contigo algunos logros?

Todo empezó con un blog, *Becoming Minimalist*, en el que documentaba mi camino y mis pensamientos desde la primera semana en la que comencé a minimizar. Ahora ya hay sesenta millones de personas que han leído ese blog, que transmite el transformador mensaje de que hay que tener menos posesiones. Creé una página de Facebook, también llamada *Becoming Minimalist*, en la que más de cincuenta millones de personas interactúan cada mes. Mi canal de YouTube tiene millones de minutos de reproducciones cada mes. He escrito cuatro libros, fundé dos revistas digitales, desarrollé una aplicación para móvil y creé un curso online llamado *Uncluttered*, que ha ayudado a más de setenta mil familias a organizar sus hogares. He viajado por el mundo dando conferencias, he aparecido en varios documentales y me han entrevistado o publicado en los medios más importantes alrededor del mundo.

Ha sido un gran recorrido. Pero no comparto estos hechos con una actitud orgullosa (aunque sí que estoy orgulloso de ellos). Comparto estos logros para demostrar un argumento: creo, sin duda alguna, que mis logros de los últimos años están *directamente* relacionados con mi búsqueda de una vida centrada en lo que me importa de verdad.

> *Mis logros de los últimos años están directamente*
> *relacionados con mi búsqueda de una vida centrada*
> *en lo que me importa de verdad.*

Por ejemplo, como consecuencia de mi éxito promocionando el minimalismo, en 2015 fundé y financié una organización sin ánimo de lucro llamada The Hope Effect, que trabaja para cambiar el modo en el que el mundo cuida los huérfanos. Trabajamos con gobiernos locales y estatales de naciones en vías de desarrollo para encontrar soluciones para el cuidado de los huérfanos, centrándonos en poner a los niños al cuidado de familias amorosas en vez de al cuidado institucional. En el momento de escribir estas líneas, estamos trabajando en seis ciudades de todo del mundo para mejorar el cuidado de los niños huérfanos.

Si bien cada uno de nosotros posee pasiones distintas, una personalidad diferente y habilidades diferentes, tener una vida centrada en lo que verdaderamente importa siempre resultará en más logros y en una mayor satisfacción de lo que creemos posible. Así ha sido para mí, y también puede serlo para ti, aunque los logros específicos variarán mucho. Y el resultado final de todo esto es una vida con más calma y satisfacción, y con menos ansiedad y arrepentimientos.

Sí que es posible tener una vida así. Yo mismo lo he experimentado, y lo he visto en la vida de mi propio héroe personal.

Una vida bien vivida

En 2012, mi abuelo de noventa años, Harold Salem, me citó en su oficina. Yo conocía bien aquel lugar. Mi abuelo había sido sacerdote de la misma iglesia en Dakota del Sur durante cincuenta y tres años, y los objetos de su oficina siempre lucían iguales: el gran escritorio de madera, la máquina de escribir, las estanterías con libros, e incluso el cajón donde escondía caramelos. Yo lo visitaba cada vez que me pasaba por su ciudad.

Pero que mi abuelo me pidiera específicamente que lo visitara en su oficina un determinado día a una hora acordada era nuevo. Presentía que esa conversación no estaría llena de risas, bromas o comentarios sobre su adorado equipo de beisbol, los Minnesota Twins. Pero no sabía por qué me había citado. Y no me lo dijo hasta que no tomé asiento frente a él en su escritorio.

Comenzó la conversación así: «Joshua, me gustaría que leyeras la Biblia en mi funeral. Este es el versículo que me gustaría que leyeras en este momento del servicio fúnebre». Deslizó ante mí una hoja de papel titulada «Funeral de Harold Salem». El versículo específico de la Biblia que yo leería estaba marcado con claridad, al igual que los nombres de todos los demás participantes. Incluso estaban anotados los minutos exactos dedicados a cada parte del servicio. Fue alarmante ver los preparativos para el funeral de un hombre saludable que estaba sentado frente a mí.

Que mi abuelo hubiera planeado su propio funeral no me sorprendió, porque era de ese tipo de personas. Al ser sacerdote durante más de setenta años, había participado en un sinfín de funerales y estoy seguro de que vio cómo hacer peticiones específicas sobre el tuyo ayuda a quienes lo planearán llegado el momento.

Lo que me sorprendió más en esa ocasión, hasta el punto que después de la charla pasé años pensando en ello, fue la seguridad en sí mismo con la que mi abuelo abordó no solo su funeral, sino también el final de su vida. Con certeza en su mirada, habló sobre la vida que había tenido, lo que había logrado y su deseo de reunirse con su esposa, con la que había estado casado más de cincuenta años. Mi abuelo no se lamentaba, a simple vista, del final de sus días en la Tierra. Y créeme, hay pocas cosas en la vida más inspiradoras que mirar a los ojos a un hombre que no le teme a su propia muerte.

El abuelo llegó a los noventa y nueve años con la misma claridad mental, y trabajó hasta el final. En diciembre de 2020 falleció después de una breve batalla contra la neumonía. Si bien tuvimos que ajustarnos a las restricciones por el coronavirus en ese momento, llevamos a cabo su funeral tal como él lo había planeado. Y ese día, en mi panegírico, les dije a los oyentes que mi abuelo era un ejemplo de cómo llevar una vida con pocas cosas de las que arrepentirse.

Su vida fue lo suficiente larga, como afirmaba Séneca, porque él supo cómo usarla.

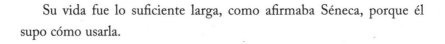

La única frase que necesitas cada día para formular tu intención

Un mentor que tuve, Robert Thune Sr., fue la primera persona en compartir conmigo esta idea. Decía: «Cada mañana, antes de empezar mi día, pienso en mi intención con una frase simple como esta: "Hoy, me comprometo a_____"». Sigo su consejo, y creo que tú también deberías intentarlo.

El espacio en blanco lo puedes rellenar como quieras. Por ejemplo:

- Hoy, me comprometo a ser la mejor madre que pueda.
- Hoy, me comprometo a ser una pareja fiel.
- Hoy, me comprometo a comer saludable.
- Hoy, me comprometo a ser altruista.
- Hoy, me comprometo a rezar cuando me sienta ansioso.
- Hoy, me comprometo a mi objetivo laboral.
- Hoy, me comprometo a saldar mi deuda.

Abordamos los objetivos importantes de la vida día a día. Empieza con un compromiso solo para hoy y fíjate en qué sucede. De ser necesario, puedes cambiarlo al día siguiente.

No te quedes relegado

Solemos oír hablar de los arrepentimientos de los moribundos, y nos advierten de que evitemos cometer sus mismos errores. Pero rara vez nos ofrecen una alternativa. Rara vez nos dan ejemplos de algún hombre o mujer que se enfrenta a la muerte con pocas cosas de las que arrepentirse. Sin embargo, cuando nos los dan, somos sensatos y seguimos su ejemplo, haciendo esos cambios que nos prepararán para afrentar nuestra propia mortalidad con valentía y seguridad en nosotros mismos. Mi abuelo es ese ejemplo para mí.

Una de las cosas más importantes que hizo mi abuelo por mí fue enseñarme a dedicar tiempo a las cosas que satisfacen las necesidades de otras personas. Es evidente que no hay nada malo en pasar tiempo disfrutando de un atardecer, en quedar a tomar un café con un amigo o en pintar una acuarela solo porque quieres hacerlo. De hecho, en parte abogo por el minimalismo para que las personas tengan margen para relajarse y valorar los pequeños momentos de alegría y belleza en la vida. Pero nuestros objetivos individuales no necesitan ni deben excluir aquellos objetivos que incluyan a otros. Al final, los objetivos que buscan ayudar a otras personas son los más influyentes, los más duraderos e, incluso me atrevo a decir, los más satisfactorios para nosotros.

Los objetivos que buscan ayudar a otras
personas son los más influyentes, los más duraderos
e, incluso me atrevo a decir, los más
satisfactorios para nosotros.

Espero que tengas un modelo de servicio significativo a los demás en tu vida. Y aunque no lo tengas, puedes convertirte en un modelo para los demás dando ejemplo, dejando de lado objetivos menos importantes para ir tras lo que realmente importa. Esta es la manera de evitar arrepentimientos. Ahora es el momento de empezar.

¡Te pusieron en este mundo para lograr grandes cosas! Eres un ser único; tu personalidad, tus habilidades y tus vínculos lo son. Y no hay nadie más en la faz de la Tierra que pueda vivir tu vida y lograr tu bienestar. Por favor, no lo olvides.

No cabe duda de que *éxito* y *logro* son palabras relativas, de modo que tu mayor logro puede ser distinto al de otra persona. Tal vez nunca liderarás a miles de personas, o curarás el cáncer, o fundarás una organización sin ánimo de lucro. Pero no te equivoques: has venido a este mundo para ofrecer algo al mundo que solo tú puedes lograr, y hay personas en tu vida a las que puedes servir y amar mejor que nadie. Lee de nuevo esa frase: *hay personas en tu vida a las que puedes servir y amar mejor que nadie.*

Tu mayor logro será diferente al mío, pero ambos tenemos uno. Y la vida nos da el tiempo suficiente para alcanzarlo. El arrepentimiento no es irremediable.

El enemigo

Ahora ha llegado el momento de hacernos una pregunta difícil: si ir tras lo que verdaderamente importa es tan maravilloso, ¿por qué no somos más los que intentamos alcanzar nuestras metas más preciadas? ¿Por qué no nos estamos centrando en nuestros propósitos, lo cual nos daría alegría y satisfacción día tras día y nos llevaría a sentir plenitud al final de nuestra vida?

En una palabra, por las *distracciones.*

Hay cosas que se interponen en nuestro camino.

Pueden ser cosas que creemos que deben realizarse de cierto modo. O cosas que asumimos que debemos hacer porque todos los demás las están haciendo. O cosas que nos gustaría evitar si tan solo supiéramos cómo hacerlo. O cosas que son un poco satisfactorias y que son fáciles y seguras para nosotros. Pero, en todo caso, no son cosas importantes.

El enemigo de la intencionalidad y de una vida bien vivida es la distracción.

Conoce a tu enemigo.

2

Distraídos del significado

Permitir que la simpleza excluya la grandeza

Lo que nos distrae empezará a definirnos.

Bob Goff

Hoy, más que nunca, nos distrae lo trivial, lo novedoso y lo (aparentemente) urgente. Cada día despertamos con información ilimitada y con una comunicación constante. La consulta del dentista quiere que confirmes tu cita respondiendo «SÍ» en un mensaje. «Oferta exprés: ¡Aprovéchala ya mismo!». Aparece la vista previa de un correo electrónico en la esquina de tu pantalla. Noticias de una tragedia que acaba de ocurrir al otro lado del mundo. Chismes de celebridades. Pitidos, tonos de llamada, notificaciones, recordatorios del calendario y vibraciones. Lo que una persona del partido político opuesto dijo como respuesta a la persona de tu partido político. La última publicación de *Becoming Minimalist* (no, espera un momento, esa es una distracción *buena*).

¿Qué iba a decir?

Ah, sí, nos distrae lo trivial, lo novedoso y lo urgente.

Hablaremos de las distracciones causadas por las redes sociales, la información y el entretenimiento en el capítulo 10. Sin embargo, antes de llegar a eso, necesitamos tener una conversación más importante. Porque lo cierto es que las distracciones causadas por nuestros teléfonos móviles, ordenadores y otros aparatos electrónicos no son ni de lejos el único problema que nos hace desviarnos de lo que más nos importa a nosotros y al resto del mundo a nuestro alrededor.

En realidad, nuestras nuevas distracciones tecnológicas son solo elementos añadidos a muchas de las antiguas distracciones que han atormentado a la humanidad durante cientos de generaciones, como tener las prioridades mezcladas o tener una opinión poco útil de nosotros mismos y de los demás. Son distracciones internas antes que externas. Este tipo de distracciones son las que solemos pasar por alto y, sin embargo, yo diría que plantean los obstáculos más graves para vivir de cara a lo que verdaderamente importa. Así que, de ahora en adelante, aquí es donde centraré gran parte de mi atención (y de la tuya). Tenemos que ver lo que está pasando en nuestro corazón si queremos abrir un camino para perseguir los mayores deseos de nuestra alma. Este libro no pretende culpar a las circunstancias externas, sino que es un libro sobre la introspección.

Permíteme demostrarte que la distracción no es solo una experiencia moderna, y que resistirse a ella es una batalla que vale la pena librar.

Un poco de historia sobre la distracción

Séneca (el mismo filósofo romano que nos dijo en el capítulo 1 que la vida es larga) también afirmó que «nunca habrá un momento donde no aparecerán distracciones; las cosechamos, por lo que varias crecerán de una misma semilla».[1]

Las distracciones que nos alejan de tener una vida con sentido se han ido cultivando cada vez más desde los albores de la humanidad. Y durante todo ese tiempo, la gente ha intentado averiguar cómo tener sus distracciones bajo control.

- En la era dorada de la antigua Grecia, el filósofo Sócrates criticaba la escritura a mano porque creía que distraía a la gente del pensamiento puro.
- Aproximadamente en el 366 a. C., un joven ateniense llamado Demóstenes, que quería mejorar sus habilidades de oratoria, anuló

las distracciones al construir un estudio subterráneo donde podía practicar la oratoria. (También se afeitó la mitad de la cabeza para sentir demasiada vergüenza como para salir en público).[2]

• Antonio el Grande, un famoso «monje del desierto» del inicio del cristianismo, vivió solo en un fuerte romano abandonado en Egipto durante veinte años para evitar tentaciones y dedicarse a rezar.

• En un manual de medicina publicado en 1775, el médico alemán Melchior Adam Weikard diagnosticó «la falta de atención» como un trastorno médico y recetó medicamentos como leche agria, acero en polvo y paseos a caballo.[3]

• Algunos de los ingenieros y líderes empresariales de Silicon Valley consumen microdosis regulares de LSD o de hongos mágicos porque creen que facilitan la concentración de la mente y los vuelve más productivos.[4]

Leer que los seres humanos han luchado contra la distracción desde mucho antes de la primera publicación en redes sociales o del nacimiento de los teléfonos inteligentes nos recuerda que la búsqueda focalizada de lo importante es una misión que todos nosotros tenemos en nuestra vida. También podemos encontrar aliento al saber que otras personas han superado las distracciones para tener vidas con sentido, porque eso significa que nosotros también podemos lograrlo.

Cuando una distracción se convierte en un modo de vida

En la encuesta *Things that Matter Survey* preguntamos: «¿Crees que inviertes tiempo y recursos en objetivos menos importantes a costa de aquello que más te importa?». Más de tres cuartas partes (76 por ciento) de las respuestas fueron: «Sí, las distracciones me alejan de mis objetivos importantes». (Concretamente, el 40 por ciento respondió que «a veces», el 20 por ciento, «con frecuencia» y, lo más triste, el 16 por ciento respondió «siempre»).

¿Crees que inviertes tiempo y recursos en objetivos menos importantes a costa de aquello que más te importa?

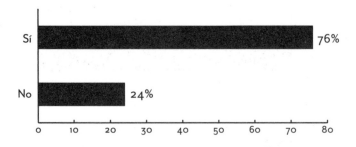

También preguntamos: «¿Estas distracciones presentes en tu vida se están convirtiendo en un problema mayor o menor?». Más de la mitad (52 por ciento) dijo que estaban creciendo las distracciones que los alejaban de sus mayores prioridades, mientras que el 32 por ciento reportó una disminución. (El resto de los encuestados respondió que no lo sabían).

¿Qué conclusión saco de esto? Que la distracción es un gran problema que no está mejorando y que somos muy conscientes de ello.

Es evidente que no todas las distracciones son siempre malas. Muchas veces, no hay nada de malo en hacer cosas que distraigan la mente, como ver un programa de televisión, leer una novela, trabajar en el jardín o dedicarnos a cualquier cosa que nos entretenga o relaje. A veces necesitamos distraernos de nuestro trabajo o de nuestros problemas; en esos casos, las distracciones son buenas.

Pero las distracciones tienen un doble filo. «La única cosa que nos consuela de nuestras miserias es la distracción —decía el erudito del siglo XVII Blaise Pascal—, y es ella, sin embargo, la más grande de nuestras miserias. Puesto que es ella principalmente quien nos impide pensar en nosotros y nos hace [...] llegar insensiblemente a la muerte».[5]

¿Estas distracciones presentes en tu vida se están convirtiendo en un problema mayor o menor?

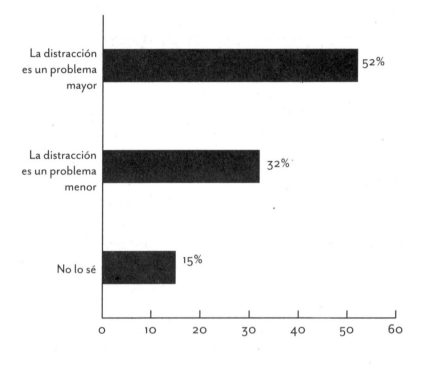

Cuando una distracción se convierte en un modo de vida, perdemos el control de nuestra vida.

El problema surge cuando las distracciones se apoderan de nuestra vida y nos apartan de objetivos más importantes. Entregarse a las distracciones puede abarcar todo un espectro: de tener un pasatiempo ocasional a convertirse en una parte intrínseca de nuestro modo de vida. Esto es lo que sucede cuando pasamos todo nuestro tiempo libre jugando a videojuegos. O cuando ejercitamos tanto que nuestro entrenamiento no nos da energía, sino que la consume. O cuando nos vamos de compras durante horas porque no queremos volver a casa. O cuando la ambición en nuestra carrera se convierte en una adicción al trabajo. Si este tipo de comportamiento se perpetúa, entonces corremos el riesgo de llegar al final de nuestra vida preguntándonos: «¿Por qué desperdicié mi vida en cosas que no eran importantes? Ojalá tuviera más tiempo».

Cuando una distracción se convierte en un modo de vida, perdemos el control de nuestra vida. Perdemos intencionalidad.

Cómo se apoderan las distracciones de nuestra vida

Pocas distracciones empiezan siendo un modo de vida. Al principio, solo son divertidas e interesantes. Disfrutamos de un juego nuevo, de un nuevo programa de televisión, de un nuevo pasatiempo o de un nuevo sitio web. Nos gusta nuestro teléfono nuevo, esa tienda nueva o esa idea nueva que podría convertirse en la nueva oportunidad de ganar dinero de nuestra vida.

Nos atraen más rápido algunas cosas que otras. Pero, en general, el nuevo objeto brillante es una distracción bienvenida de la ardua tarea de vivir.

Sin embargo, poco a poco, la nueva distracción comienza a ocupar más tiempo y a consumirnos más energía. Se nos da cada vez mejor esa distracción, o invertimos más en ella, o disfrutamos más de ella, o empezamos a ganar dinero con ella. Empezamos a realizar cambios para dedicar más tiempo a esa distracción.

No tardamos en racionalizar por qué es bueno involucrarnos más en ella. Robamos unos minutos de otras actividades para poder disfrutar de esa distracción. Pero la cantidad de horas del día es inalterable. Así que poco a poco empezamos a sacrificar lo más importante para entregarnos aún más a la distracción. Antes de que nos demos cuenta, se ha convertido en nuestro modo de vida, y ya no es una distracción bienvenida que nos evade de nuestros problemas.

La distracción se ha convertido ahora en un modo de vida... y, en consecuencia, hemos perdido parte del control sobre nuestra vida.

A veces nos damos cuenta de esto de inmediato y corregimos nuestro rumbo. Pero otras veces se desperdician años, se pierden vínculos y, poco a poco y de manera sutil, echamos a perder nuestro propósito.

Dados los riesgos que conlleva, la distracción debería ser más preocupante de lo que suele ser.

Cómo poner la distracción en su sitio

¿Cómo podemos responder cuando las distracciones se han convertido en nuestras amas en vez de en nuestras sirvientas?

Primero, podemos estar alerta a lo que salga en nuestro proceso de introspección. Deberíamos sentarnos a solas en silencio con frecuencia para analizar la trayectoria de nuestra vida y las distracciones que evitan que seamos nuestra mejor versión. Los próximos ocho capítulos serán una ayuda para que puedas autoevaluarte.

Segundo, podemos expresar verbalmente qué distracciones impiden que demos lo mejor en nuestro trabajo, nos alejan de aquellas personas a las que más amamos o evitan que cumplamos nuestro mayor propósito. Como mencionaba antes, estas distracciones no siempre son malas a primera vista... Pero si han ocupado lugares que no les corresponden, sí que podrían volverse dañinas.

Tercero, podemos actuar a conciencia y deliberadamente para eliminar esas distracciones. Esto tal vez sea difícil y requerirá que luchemos por momentos contra nosotros mismos. Pero aprenderemos a pelear.

Por último, es importante recordarnos el valor de los deberes más importantes que tenemos ante nosotros. Tu labor más importante nunca será la más sencilla: de hecho, es probable que sea una de las cosas más difíciles que hagas. Ser un padre o madre entregado, un cónyuge amoroso, un empleado fiel, un artista inspirador, un buen líder o un miembro generoso de la comunidad nunca es el camino más fácil. Pero a largo plazo, encontrarás más satisfacción y felicidad allí que en cualquier otra parte.

Las distracciones no te definen. Eres tú quien te defines.

Y algunos de los hombres y mujeres más admirables que conozco fueron personas con la valentía suficiente como para corregir el curso de su modo de vida para centrarse en objetivos más importantes.

El cambio de turno de las cinco en punto

Ed Townley, ahora retirado, solía trabajar como ejecutivo en Agri-Mark, una cooperativa láctea al noreste de Estados Unidos, famosa por sus productos con queso *gourmet*. Cuando yo vivía en Vermont, lo veía como un padre amoroso de dos niños adoptados, un esposo fiel y un miembro de varias juntas de organizaciones sin ánimo de lucro, incluida la de los juegos olímpicos especiales.

Ed había ascendido al puesto de director financiero en Agri-Mark tras haber dedicado largas jornadas a su trabajo, además de por su gran talento. Algo que era muy importante para Ed y para su esposa cuando eran adultos jóvenes era el éxito corporativo, y Ed fue tras ese objetivo con ferocidad. Era bueno en su trabajo, estaba comprometido con sus tareas y consideraba su empleo como un servicio a los granjeros y a los clientes.

Pero se dio cuenta de que el foco de su energía necesitaba un ajuste cuando él y su esposa, Jennifer, adoptaron su segundo hijo.

«Había vivido mi vida de cierta manera durante muchos años —me contó hace poco en una conversación telefónica—. Pero pronto noté que mi esposa necesitaba un nuevo Ed. Y sabía la responsabilidad que se necesitaría en casa».

Así que Ed hizo el cambio de vida que pocos tienen la valentía de hacer.

«Un día, fui a hablar con mi jefe y simplemente le dije: 'Sabes que, desde que empecé a trabajar aquí, siempre he sido el primero en llegar, a veces el último en irme, y casi siempre he estado disponible para trabajar los fines de semana cuando era necesario. Pero mis responsabilidades en casa han cambiado con nuestro segundo hijo. A partir de ahora, tendré que irme a las cinco en punto cada día sin excepción. Jennifer me necesita en casa. Por supuesto que igualmente rendiré al cien por cien mientras esté aquí. Pero mis prioridades han cambiado».

El corazón de Ed latía desbocado al realizar esta declaración. ¿Su jefe se enfadaría? ¿Lo despedirían o perdería la oportunidad de continuar avanzando en su carrera?

Pero no ocurrió nada de eso. El jefe lo entendió y accedió al cambio de horario.

De hecho, no solo lo entendió su jefe, sino que sus compañeros de oficina también lo hicieron. «Mis compañeros sabían que cada día me iba a las cinco. Y aprendieron a respetarlo; rápido, de hecho. Si necesitaban algo de mí, no podían entrar a mi oficina a las cinco menos cinco. Aprendieron a pedirme lo necesario más temprano».

A pesar del sacrificio profesional que hacía, Ed sabía que era la decisión correcta. Su trayectoria profesional ya no podía ser el único determinante en su modo de vida. Ahora había responsabilidades más importantes.

Años después de ese cambio trascendental en la vida de Ed, le pregunté:

—¿Te mantuviste firme en esa decisión?

—Joshua —me dijo—. Desde ese día, nunca, ni una sola vez, me quedé en la oficina pasadas las cinco. De hecho, cuando me convertí en presidente ejecutivo, la compañía cambió el horario de su reunión anual de negocios para adaptarse a mi decisión.

Su trabajo seguía siendo importante para él. Pero trabajar de más lo apartaría de una prioridad mayor: su familia. Y tuvo el valor suficiente de corregir su curso de acción.

Ed continuó brillando en su trabajo y terminó su trayectoria profesional siendo el presidente de Agri-Mark. Y lo más importante es que su familia también prosperó. Había surgido algo nuevo que le importaba mucho, y él había cambiado sus prioridades para centrarse en ello.

El desafío es grande, pero la recompensa es mayor

Las distracciones están por todas partes, y nunca desaparecerán. Esto significa que nunca es demasiado pronto o demasiado tarde para aprender a decirles que no una y otra vez.

Cada uno de los ocho capítulos siguientes analiza una distracción que evita que tengamos una vida con más sentido y con menos arrepentimiento.

1. La distracción del miedo. Muchísimas personas nunca comienzan a perseguir sus sueños, o renuncian a ellos demasiado pronto, porque temen algo.

2. La distracción de los errores del pasado. Para muchas personas, no superar nunca errores que han cometido o el daño que otros les han causado impide que avancen en lo que les importa.

3. La distracción de la felicidad. Cuando intentamos satisfacer nuestra búsqueda de la felicidad desde la individualidad, no conseguimos alcanzar la felicidad más verdadera y duradera.

4. La distracción del dinero. El deseo de tener dinero hace que muchas personas sacrifiquen sus pasiones y sus objetivos genuinos solo para enriquecerse más.

5. La distracción de las posesiones. Todo lo que poseemos exige constantemente nuestra atención.

6. La distracción del elogio. Que nuestra autoestima dependa de la aprobación de los demás impacta de manera negativa en las decisiones que tomamos y en la vida que escogemos vivir.

7. La distracción del ocio. Muchos de nosotros estamos más centrados en llegar al fin de semana, a las vacaciones o a la jubilación que en hacer cosas que nos apasionan.

8. La distracción de la tecnología. Este es un problema que nos caracteriza prácticamente a todos en esta era saturada de tecnología; nos referimos a todas esas publicaciones, notificaciones, recordatorios, titulares y tonos de llamada.

Por supuesto que estas ocho no son las únicas distracciones a las que nos enfrentamos, pero son las que veo que surgen una y otra vez. También son distracciones con el poder suficiente para desviarnos del camino que nos permite alcanzar nuestros objetivos más preciados.

Presentaré los principios cruciales para superar cada una de estas distracciones. Como ves en la lista previa, no se trata de distracciones fáciles de superar. Este libro va más allá de atar una goma elástica alrededor del móvil para usarlo menos. Los pasos que presento son una guía para llevar a cabo el arduo trabajo de eliminar las distracciones personales, sociales y culturales. Vamos a la guerra cada día para derrotar estas distracciones y alinearnos con nuestros mayores objetivos y búsquedas.

Pero recuerda, ir en busca de lo que verdaderamente importa consiste en aprovechar tu vida al máximo y alcanzar la plenitud. Así que, si bien apartar las distracciones puede parecer un sacrificio, en realidad es un esfuerzo que vale la pena a largo plazo. Empezarás a sentirte más satisfecho y menos arrepentido de tu vida hoy mismo si tan solo tomas la decisión de vivir por las cosas y las personas que importan.

Creo que muy pocas personas quieren desperdiciar la vida que se les ha dado. La mayoría quiere centrarse en lo importante. Así que el problema no es que no queramos con todas nuestras ganas encontrar sentido; el problema es que, con mucha frecuencia, nos distraen de ello.

El problema no es que no queramos con todas nuestras ganas encontrar sentido; el problema es que, con mucha frecuencia, nos distraen de ello.

Hay una frase que dice: «Los dos días más importantes de tu vida son el día en que naciste y el día en que descubres por qué naciste».[6] Me gustaría añadir un tercer día: el día en que eliminas las distracciones que te alejan de tu propósito.

¿Estás listo para lidiar con tus distracciones?

Salta mientras puedas

Hace unos años pasé una semana con mi familia en Costa Rica. Hay mucho que ver y hacer en ese hermoso país, y mi esposa, mis dos hijos (de once y quince años en ese momento) y yo disfrutamos mucho el viaje.

Una tarde, salimos en catamarán para ver delfines, contemplar el atardecer y cenar en el océano. En una parada pintoresca del recorrido, el barco echó el ancla y el capitán nos invitó a todos a desembarcar para hacer esnórquel y nadar. Asimismo, el capitán invitó al que quisiera a saltar de la cubierta del catamarán al mar. Como puedes imaginar, los dos adolescentes y los jóvenes adultos fueron los primeros en intentar saltar del barco al agua. Algunos necesitaron un poco de presión de sus pares, pero la mayoría de los hombres jóvenes estaban encantados de saltar (y de intentar impresionar a las chicas que los acompañaban).

Mientras el barco estaba anclado, observé al resto de participantes del recorrido y, por primera vez, noté que había muchas personas mayores a bordo. Disfrutaban del paisaje, pero era evidente que no tenían intención de nadar o hacer esnórquel, y mucho menos de saltar siete metros desde el bote al agua.

Mi esposa interrumpió mis pensamientos al preguntarme si yo iba a saltar con los demás.

—Sí —le respondí—. Saltaré… mientras pueda.

En aquel momento tenía 43 años y estaba sano y en bastante buena forma. Es probable que llegue un día en el que sea incapaz de saltar siete metros desde un barco. Pero aún no había llegado ese día. Aquel día podía saltar. Así que decidí que lo haría.

Hay momentos en la vida cuya importancia es difícil de expresar correctamente con palabras. Las circunstancias son ideales; las emociones están alineadas a la perfección; la voluntad está presente. Este fue uno de esos momentos para mí. Tenía que saltar. No quería arrepentirme de haber dejado pasar la oportunidad.

Quizás este es el tipo de momentos en los que uno debe cambiar el foco y vivir con más intencionalidad en beneficio de aquello que verdaderamente importa. Quizás es hora de que saltes mientras puedas.

SEGUNDA PARTE

DISTRACCIONES DE UNA VOLUNTAD PARALIZADA

3

Sueños eclipsados

Superar la distracción del miedo

En veinte años, estarás más decepcionado por las
cosas que no hiciste que por las que hiciste.

Sarah Frances Brown

Taylor, una mujer inteligente y atractiva de unos veinte años de edad, trabaja en el sector de perfumería de un gran establecimiento en Santa Mónica para pagar sus deudas estudiantiles y otras facturas. Valora su trabajo y lo hace de la mejor manera posible, pero no es el tipo de empleo que quiere a largo plazo.

Al principio de su jornada en la perfumería, Taylor aprovechó la reducción del flujo de clientes para conocer mejor a otra vendedora. Compartieron un poco de sus historias personales. Taylor le dijo a aquella mujer:

—Lo que me gusta de verdad es el diseño gráfico. Es lo que estudié en la universidad, y lo que me encanta. Ya he tenido algunos trabajos a media jornada diseñando páginas web. Es solo cuestión de tiempo hasta que tenga suficientes opciones para atreverme y presentar mi dimisión aquí, para así poder enfocarme en tener mi propio estudio y ayudar a otros a cubrir sus necesidades de diseño gráfico.

La otra vendedora, Jiao, parecía interesada, pero seria, mientras escuchaba los planes de Taylor.

—Te admiro por seguir tus sueños —respondió Jiao—. Desearía haber hecho lo mismo. Sabes, nunca pensé que aún estaría haciendo esto a los treinta y nueve años.

—Bueno, ¿por qué no intentas hacer algo diferente? —preguntó Taylor.

—No, no, es demasiado tarde.

Jiao se marchó.

Taylor es mi amiga, y ella fue quien me habló de esta conversación. «Ella me dio pena. Era como si prefiriera sentirse miserable en vez de incómoda», explicó Taylor.

No sé nada de la historia personal de Jiao, y no me corresponde juzgarla, pero reconozco el escenario que Taylor describió. Hay muchas personas que preferirían sentirse decepcionadas y poco satisfechas haciendo lo seguro en vez de pasar por la ansiedad que conlleva perseguir los sueños y unos objetivos valiosos. Lamentablemente, prefieren un *statu quo* seguro, que no da sentido a su vida, en vez de asumir un riesgo que pueda llevar al fracaso... o que pueda llevar al éxito.

Tal vez si consideraran el hipotético profundo arrepentimiento que puede existir antes de morir ayudaría lo suficiente a que escogieran el riesgo en vez del estancamiento en el que están. Y, la verdad, algunos objetivos en la vida valen la pena el riesgo.

Miedos que nos impiden intentar cosas

Por un lado, existe el miedo bueno. Una dosis saludable de cautela puede evitar que hagas cosas de las que más tarde te arrepentirías. Pero, por otro lado, también existe el miedo malo. Un rasgo de madurez es aprender a distinguir entre ambos.

Muchas personas nunca dan siquiera el primer paso hacia lo que consideran significativo en la vida porque piensan que será demasiado difícil de lograr. O hacen intentos a medias que están condenados a fracasar, lo cual equivale a no intentarlo. Algo les impide lanzarse a por ello, y, en general, suele ser alguna variante del miedo malo. La más común es la atiquifobia: el miedo al fracaso.

En un blog que se publicó (acertadamente) en la época de Halloween, la empresa de productividad social Linkagoal compartió los resultados de una encuesta sobre lo que más nos aterra. En su encuesta sobre el miedo, el 31 por ciento de los encuestados respondió que temía el fracaso. Tal como mencionaron en la publicación de los resultados: «A la hora de alcanzar metas, el miedo a fracasar fue la principal razón por la que casi la mitad [de los encuestados] no alcanzaba una meta o no lo intentaba de nuevo. El 49 por ciento de los encuestados dijo que el miedo al fracaso era un gran obstáculo, seguido del miedo a la vergüenza (44 por ciento) y el miedo a que sea demasiado difícil de lograr (43 por ciento)».[1]

Cinco señales de que el miedo al fracaso te impide tener la mejor vida posible

Si no lo controlamos, el miedo al fracaso evitará que alcancemos nuestro mayor potencial. Así que es importante saber si tenemos este tipo de miedo, ya sea en mayor o menor medida.

Estas son las cinco señales de que el miedo al fracaso podría estar afectándote:

1. Procrastinas o evitas de forma rutinaria las responsabilidades. Cuanta más ansiedad o miedo tienes por alcanzar una meta, más probable es que retrases la acción que te acerque a ese objetivo.

2. No te haces cargo de tu propio futuro. Cuando el miedo al fracaso está presente, la iniciativa disminuye. Es más fácil aceptar lo que sea que te sucede que correr el riesgo de crear tu propio futuro en torno a tus metas, tus sueños y tu potencial.

3. Esperas poco de ti. Quienes temen al fracaso suelen poner el listón bajo para sí mismos porque esperan que tener pocas

expectativas sobre sí mismos reduzca la sensación de fracaso. Por supuesto que, al mismo tiempo, también reduce sus logros y su potencial.

4. Dudas de ti mismo. Nadie es capaz de todo. Pero si las personas a tu alrededor creen en ti, te dicen que puedes lograr algo, y aun así dudas de ti hasta el punto de no intentarlo nunca, el miedo al fracaso está impidiendo que avances.

5. Tu miedo provoca síntomas físicos. El estrés y la ansiedad pueden tener muchas causas. Si sufres dolores de cabeza recurrentes, dolor de estómago, ataques de pánico u otros tipos de malestar generados por el estrés relativo a objetivos nuevos o desafiantes, puede que se deban al miedo al fracaso.

He visto cómo el miedo al fracaso distrae a muchas personas de objetivos que cambiarán sus vidas.

Tengo un amigo, David, que es un exitoso periodista. Y al igual que muchos periodistas, ha tenido durante mucho tiempo el deseo secreto de escribir una novela. Pero lo posponía una y otra vez. Se decía a sí mismo: «Necesito tener más ahorros, porque escribir una novela lleva mucho tiempo y tal vez no dará ni un centavo de ganancias». Eso era verdad. Pero también se convirtió en una excusa.

Tenía una versión de atiquifobia. «¿Y si escribo la novela y no es buena, y nadie la lee?», se preguntaba. Si eso sucedía, David ya no podría decirse: «Tengo potencial para escribir una gran historia». Porque si él se esforzaba al máximo y fracasaba, demostraría que una parte de su autopercepción era errónea. Acabaría destrozando un sueño que llevaba mucho tiempo atesorando.

Pero, con el paso del tiempo, a David le costó cada vez más autoconvencerse de que le quedaba mucho tiempo para cumplir su sueño. Al alcanzar la mediana edad, era un periodista de éxito, pero nunca había escrito ni una palabra de ficción. Si su potencial se iba a convertir alguna vez en algo real, tenía que empezar en algún momento. Además, comenzaba a sentirse mal consigo mismo; sentía que era un cobarde.

Al final, David decidió que la posibilidad de no escribir nunca un libro era peor que escribirlo y verlo fracasar. Hoy está escribiendo su novela. ¿La venderá? Y si se vende, ¿cuántas estrellas le darán los críticos? No lo sabe, y yo tampoco lo sé. Pero admiro a mi amigo por intentarlo. Él ya se siente mejor consigo mismo porque superó sus miedos.

Mi amigo David te diría que se arrepiente de no haber empezado a escribir ficción hace veinte años. Por miedo, algunas personas nunca empiezan a vivir en aras de aquello que les importa.

Muchas personas tienen uno o más miedos combinados que les impiden perseguir aquellas metas que les gustaría alcanzar. Se trata de metas como estas:

- Emprender un negocio.
- Mudarse a otro lugar.
- Cambiar de profesión.
- Pedir un aumento o un ascenso.
- Buscar un nuevo empleo.
- Liderar un grupo.
- Entablar una amistad.
- Unirse a un club.
- Organizar una reunión de vecinos.
- Ir al gimnasio.

Se me ocurren muchas personas que quieren hacer cosas como estas, pero que permiten que sus miedos y preocupaciones los detengan. Y a ti, ¿de qué te está privando el miedo?

Miedos que nos impiden intentarlo de nuevo

A veces, el miedo no nos impide empezar, sino intentarlo de nuevo. Superar el miedo no es algo que baste con lograrse una sola vez, sino que es una habilidad de por vida. Quizás tu primer (o segundo, o tercer) intento de lograr algo significativo no salga tan bien como te hubiera gustado, pero para tener éxito en ello, tendrás que volver a intentarlo.

Y aunque lo logres, el éxito conlleva sus propios desafíos que pueden generar ansiedad. Por ejemplo, ¿y si tu proyecto ha tenido éxito, hasta el punto de que el próximo paso lógico es dar una conferencia? Para algunas personas, hablar en público es más intimidante que pensar en la muerte. ¿O qué pasa si pierdes parte de tu privacidad? ¿O qué pasa si el poder te tienta? Estos son miedos causados por el éxito, no por el fracaso.

La investigación de Linkagoal muestra cómo el miedo puede acabar con la motivación para volver a intentarlo, sea cual sea el motivo por el que se haya detenido nuestro avance. La encuesta sobre el miedo de Linkagoal demostró que los tres principales miedos que impiden ir tras un objetivo por segunda vez son el miedo al fracaso (43 por ciento), el miedo a ser demasiado mayor para lograrlo (37 por ciento) y el miedo a la falta de apoyo de familiares y amigos (37 por ciento).[2]

Somos una cultura que no permite el fracaso, en especial en la era del Photoshop y de los videos con filtros de las redes sociales. Nos encanta hacer alarde de nuestros éxitos; muy pocos hablan abiertamente de sus fracasos y, en general, lo hacen en el contexto de contar cómo al final alcanzaron el éxito. Pero todos lidiamos con el fracaso de un modo u otro. Si lo has intentado y has fracasado, hay mucha gente como tú. Lo que diferencia a quienes no se arrepienten frente a aquellos que sí es cómo reaccionaron ante el fracaso.

Una aspirante a autora llamada Joanne escribió un libro infantil en el que ella creía. Por desgracia, los editores no estaban tan seguros de ello, y muchos rechazaron su manuscrito. Joanne clavó su primera carta de rechazo en la pared de su cocina para motivarse a seguir intentándolo. Y lo hizo, hasta que por fin una editorial le dio la oportunidad.

Conocemos a esta autora como J. K. Rowling. Su saga de Harry Potter se convirtió en el fenómeno literario juvenil de la era moderna.[3]

Un jugador de baloncesto afirmó en una publicidad de televisión: «He errado más de nueve mil lanzamientos en mi carrera. He perdido casi trescientos partidos. Me confiaron veintiséis veces que hiciera el lanzamiento ganador... y fallé. He fracasado una y otra y otra vez en la vida. Y por esa razón tuve éxito».[4]

¡Y vaya si lo tuvo! Según la ESPN, Michael Jordan fue el mejor jugador en la historia de la NBA.[5]

Tal vez estés pensando: «Bueno, esas historias no sirven en mi caso. Yo no soy J. K. Rowling o Michael Jordan». Y es cierto. Quizás nunca seas una autora que se puede permitir vivir en una mansión escocesa o una estrella de baloncesto con un calzado deportivo que lleva tu nombre. Pero no necesitas serlo. Tienes un propósito y un don pensados para aportar algo bueno al mundo. Permitir que el miedo te impida lanzarte a algo sería una pena inconmensurable.

Tienes un propósito y un don pensados para aportar algo bueno al mundo.

Suelen contarse este tipo de historias de famosos para motivar a otros a seguir adelante sin rendirse. Pero en ellas hay un mensaje más básico para nosotros. Antes de continuar, tenemos que superar el miedo que nos haría rendirnos.

Su propio saboteador

Randy tiene cuarenta y tantos años, es bajo y robusto, y tiene una barba negra cortada al ras. Es padre de familia y ejerce de jefe de desarrollo de productos. Trabaja mucho y mantiene a su familia, pero él sería el primero en admitir que no está haciendo todo el trabajo que cree que podría hacer. Incluso me confió hace poco que lidia con el miedo al fracaso todos los días de su vida y que ha saboteado todos los trabajos buenos que ha tenido, pero no porque su miedo le impida intentarlo, sino porque le impide llegar a un nivel de éxito máximo.

«De niño, me decían sin parar que era un inútil y que nunca lograría nada importante en la vida —me contó—. Y no importa adónde me lleve la vida o cuánto éxito tenga: no puedo olvidar esas palabras que me dijeron las personas que más amaba. En mi mente, es solo una cuestión de tiempo que lo estropee todo».

Continuó explicando que el éxito en su carrera profesional no erradicaba esas creencias. De hecho, parecía empeorarlas.

«No importaba cuánto hubiera subido en una empresa o cuántos halagos me hiciera mi jefe. En el fondo de mi corazón, yo creía que no servía para nada. Incluso cuando todo marchaba de maravilla y destacaba en mi trabajo, vivía con el miedo constante de que mi jefe descubriera en algún momento que yo era un inútil. Por ese mismo miedo solía rechazar oportunidades de crecimiento en la empresa. Parecía que cuanto más ascendía, más miedo tenía de que me descubrieran. Al final, en cada puesto que he tenido, renunciaba y me iba a otra parte a empezar de nuevo. Me aterraba que descubrieran que era un inútil».

El miedo de Randy al fracaso (por los mensajes que recibió de niño) ha evitado que alcance el éxito en un rol que está perfectamente capacitado para cumplir. «Me obsesiona todos los días —me dijo—. He renunciado a todos los trabajos maravillosos que he tenido. No porque no pudiera hacerlos, sino por culpa del miedo». La historia de mi buen amigo ilustra cómo el miedo al fracaso puede distraernos de alcanzar nuestro mayor potencial, incluso aunque logremos empezar a trabajar en aras de una meta.

La distracción del miedo puede impedir en gran medida que alcances todo tu potencial.

No te equivoques: la distracción del miedo puede impedir en gran medida que alcances todo tu potencial. Mientras tanto, la gente más cercana a ti necesita que alcances el éxito.

Cómo el miedo al fracaso obstaculiza tu progreso

El miedo al fracaso nos afecta en tres momentos: cuando empezamos, cuando lo intentamos de nuevo después de fracasar y cuando estamos haciendo progresos. (Este último caso fue la ruina de Randy).

Theo Tsaousides, neuropsicólogo y autor de *Brainblocks*, decía que, a corto plazo, el miedo al fracaso influye en el tipo de objetivos que buscamos cumplir y en el modo en que intentamos alcanzarlos. Por ejemplo, las personas con miedo al fracaso quizás...

- Centran sus esfuerzos en evitar pérdidas en vez de en obtener ganancias.
- Evitan situaciones en las que esperan que los evalúen o juzguen.
- Esperan poco de sí mismos.
- Crean obstáculos que saboteen el esfuerzo que hicieron para alcanzar sus metas para luego poder culpar a esos obstáculos.

Estas son solo las consecuencias a corto plazo del miedo al fracaso. Si permitimos que nuestro miedo al fracaso ser perpetúe, no solo nos impedirá alcanzar algunos logros, sino que, de hecho, puede afectar negativamente al tipo de persona en la que nos vamos a convertir.

Tsaousides afirmaba:

«A largo plazo, el miedo al fracaso causaría problemas aún mayores que afectan a la salud mental y física de una persona. Las personas con miedo al fracaso suelen experimentar fatiga y tener poca energía, se sienten drenadas emocionalmente, están menos satisfechas con sus vidas, experimentan preocupación crónica y desesperanza, y su desempeño en áreas dominantes es objetivamente peor.»[6]

Pon nombre al miedo

¿Estás asintiendo con la cabeza al leer estas frases sobre cómo el miedo puede evitar que alcances tu potencial y tus metas? ¿Cuáles son tus miedos? A estas alturas ya sabes que no me refiero a tu miedo a los espacios reducidos, a ver sangre o a las alturas. ¿Qué miedos te impiden alcanzar tu máximo potencial y dar lo mejor de ti al mundo?

No basta con reconocer simplemente que tienes miedo. Si quieres reducirlo, dominarlo y, al final, superarlo, tendrás que ponerle nombre.

Te muestro cómo.

En este momento de mi vida, un miedo que creo que me está impidiendo lograr cosas importantes es el miedo a la incomodidad. Déjame que te explique.

Si soy sincero, he tenido una vida cómoda. No me refiero a mis posesiones, porque, obviamente, como minimalista no tengo muchas cosas. Lo que más me importa es poder controlar mis propios tiempos y los parámetros de mi trabajo. Yo decido cuántas horas trabajaré y en qué. Yo decido a quién veré y cuándo. Mi tiempo y mis decisiones me pertenecen. Está bien. ¿Por qué querría arruinarlo?

Para algunas personas, ser capaces de controlar sus horarios es el mayor símbolo del éxito. Pero yo lo veo de un modo diferente. Una razón podría ser que hay algo más importante que mi comodidad.

Hace poco, nos pidieron a mi esposa, Kim, y a mí que diéramos asesoramiento a parejas que atravesaban algún conflicto que amenazaba su matrimonio. Kim creía que era importante que aprovecháramos la oportunidad. Nuestro matrimonio goza de buena salud, y después de haber sido sacerdote durante tantos años, entiendo la importancia de ayudar a las parejas a crear matrimonios fuertes. Sin embargo, casi de inmediato, me resistí a la idea.

Con el tiempo, en retrospectiva, me pregunté por qué había reaccionado así. La respuesta fue que dar asesoramiento a parejas ocuparía gran parte de mi tiempo libre y me involucraría en problemas ajenos. Ayudar a los demás no siempre significa que ellos cumplirán con tu horario deseado, y no hay nada cómodo en ello. Mi miedo a la incomodidad, por desgracia, quizás está evitando que logre algo importante.

Como hemos visto en la encuesta sobre el miedo de Linkagoal, el miedo al fracaso es el miedo más común que impide a la gente hacer cosas que les importan. Sin embargo, pueden aparecer muchos otros miedos. Hazte cargo de los tuyos. Pueden ser estos:

- Miedo al rechazo.
- Miedo a lo desconocido.
- Miedo a equivocarte.
- Miedo a perder lo que tienes.
- Miedo a perderte una experiencia.
- Miedo a cambiar.
- Miedo a perder el control (ese soy yo).
- Miedo a la incomodidad (ese soy yo también).
- Miedo a ser tú mismo.
- Miedo a no tener éxito.
- Miedo a ser juzgado o ridiculizado.
- Miedo a salir herido.
- Miedo al liderazgo.
- Miedo a quedar expuesto o a la pérdida de intimidad.
- Miedo al éxito.

Son muchos miedos, y ni siquiera es una lista exhaustiva.

Para alentarte un poco, deja que te cuente que alrededor del 85 al 90 por ciento de las preocupaciones de las personas nunca se hacen realidad. Y eso no es una opinión, sino ¡un dato objetivo! E incluso cuando se hace realidad lo que nos preocupa, el resultado suele ser mejor del que habíamos esperado.[7] Dicho de otro modo, en general, vale la pena correr el riesgo por la posible recompensa que habrá, sobre todo cuando se trata de lograr cosas importantes para ti.

También, en mi experiencia, enfrentar y superar el miedo nos hace más valientes con el paso del tiempo. Un miedo que antes parecía una imponente montaña que se erigía ante nosotros ahora luce como un badén cuando lo vemos en retrospectiva. Como resultado, nos sentimos más confiados a la hora de culminar la montaña aún más alta que está frente a nosotros.

Cuando los terapeutas tratan problemas causados por el miedo, muchas veces alientan a realizar algo que llaman «adaptación». Es un proceso de exposición repetida y gradual a algo a lo que le temes. De esta manera, con el tiempo, te vas familiarizando con lo que te daba miedo y este miedo se vuelve tolerable. También funciona al revés. Si continuamos evitando lo que nos causa miedo, este miedo empeora y se generaliza más.[8]

Así que vamos a enfrentarnos a nuestros miedos, sabiendo que no será fácil y que después de superar un miedo puede aparecer otro más. Pero ¡al menos estamos avanzando! Déjame que cambie tu concepción del miedo para hacer que sea más fácil progresar.

Las prioridades del miedo

En sus libros, Ernest Becker (no es pariente mío), un antropólogo cultural del siglo xx, postuló una filosofía basada en la idea de que los actos de una persona se basan en su miedo a la muerte. Pero, para Becker, la gente no teme a la muerte física. Argumentó que el mayor miedo de la humanidad era morir sin haber tenido una vida con sentido. Decía: «Lo que el hombre más teme no es tanto la extinción, sino la extinción *sin trascendencia*. El hombre quiere saber que su vida ha importado de algún modo, si no para sí mismo, al menos en un contexto más amplio; quiere dejar una huella, una huella significativa».[9] Creo que esto es absolutamente cierto.

Sin embargo, este miedo tal vez no es tan inmediato o evidente para nosotros como otros miedos, por ejemplo el miedo al fracaso. Tal vez piensas: «¿Quién va a enterarse si no alcanzo mi máximo potencial? Por otro lado, si fallo hoy, todos lo notarán». Pero tú sí te darás cuenta. Eres tú quien podría llegar al final de tu vida arrepentido por las oportunidades que no aprovechaste.

El mensaje central de este libro es que nos centremos en este «miedo a la muerte sin trascendencia» y actuar en consecuencia. El miedo a la muerte sin trascendencia es un buen miedo si nos lleva a perseguir metas significativas. Y, cuanto más maduramos, más sentimos su peso.

Así que, sin importar en qué punto estés en tu camino hacia la consecución de tus metas, y sin importar a qué miedo te estés enfrentando, tengo el mismo consejo que darte. Visualiza cómo sería llegar al final de tu vida sin haber logrado jamás alcanzar tu potencial. ¡Eso sí que da miedo! Deberías estar temblando ante esa posibilidad. De hecho, todos deberíamos estar temblando con solo pensar en que podrías sucumbir a tu miedo, porque todos te necesitamos a ti y necesitamos tu mejor contribución posible al mundo.

Este ejercicio de visualización puede cambiar tu perspectiva. Pensarás menos en los miedos que te impiden avanzar y más en el miedo completamente lógico y mucho más grave de vivir sin lograr nunca las cosas que te importan.

Ten miedo a esto: desperdiciar tu vida.

Cuando tu miedo a no lograr tus propósitos sea mayor que tu miedo a intentarlo, empezarás a superar la distracción del miedo.

Su mayor miedo

Una persona que entiende este intercambio es una joven británica llamada Melanie Kirk. Ella compartió su historia en un artículo titulado «My Greatest Fear in Life» («Mi mayor miedo en la vida»). ¿Cuál es ese miedo para ella? Es el miedo a no hacer nada significativo con su vida. Decía que no quería llegar al final de su vida pensando que no había aprovechado al máximo sus días.

Melanie se sacó un título universitario, pero decidió que odiaba el campo que escogió, así que después de graduarse juró no trabajar nunca en un empleo que la hiciera sentir atrapada. Y ha cumplido esa promesa: pasa sus horas laborales trabajando en cosas en las que cree, como la agricultura orgánica.

Hace poco, un familiar de Melanie menor que ella murió de repente. Eso le recordó a Melanie que no hay garantías de que la vida sea larga. Solo tiene un tiempo limitado para hacer lo que quiere hacer. Así que hizo otras promesas:

Prometo vivir cada día como si fuera mi única y última oportunidad de dejar una huella, porque lo es.

Prometo vivir con propósito.

Prometo dejar de malgastar tiempo en cosas que no importan.

Prometo salir de mi zona de confort.

Prometo vivir mis convicciones con pasión y coraje.

Prometo dejar ir los escenarios hipotéticos.

Prometo no rendirme jamás, incluso cuando las cosas se compliquen.

Porque, a fin de cuentas, la vida es un regalo demasiado valioso como para desperdiciarla.[10]

Lee de nuevo su manifiesto… despacio. ¿Con cuál de estas promesas no estás de acuerdo? ¿Acaso no describe la vida que todos queremos llevar? Imagínate cómo cambiaria el mundo si todos asumiéramos compromisos similares. Imagínate cómo cambiaría tu vida.

Reducir el miedo

A veces, cuando vemos a gente que hace trabajos con trascendencia, pensamos: «Bueno, es fácil para ellos». No creo que eso sea cierto. Al contrario, creo que la mayoría (o casi todas) las personas exitosas tuvieron que superar miedos a lo largo del camino para convertirse en quienes son. Si tienes un modelo a seguir o un mentor en tu vida, pregúntale al respecto. Creo que descubrirás que esa persona ha tenido que lidiar con el miedo (y es probable que aún lidie con él). Prácticamente todos los seres humanos tienen miedos y dudas, preocupaciones e inquietudes. Aun así, afrontan ese miedo. Y descubren que es posible dominarlo.

Empecé mi blog *Becoming Minimalist* la primera semana en que comencé a minimizar, en 2008. En aquel momento era sacerdote, y adoraba serlo. Pensaba que lo sería durante el resto de mi vida. Sin embargo, los lectores de *Becoming Minimalist* continuaron aumentando sin parar. A través del blog, intentaba compartir mi historia y ayudar a la mayor cantidad de personas posible, pero la respuesta excedió con creces mis expectativas. Empecé a preguntarme: «¿Debería hacer esto a tiempo completo? Al fin y al cabo, hay muchos sacerdotes mejores que yo, pero no tantas personas que parezcan mejores que yo a la hora de inspirar a otros a tener menos posesiones». Después de pensarlo mucho y de recibir el apoyo de Kim y de amigos cercanos, decidí correr el riesgo.

Algunos quizás piensen que mi transición de cara a convertirme en un bloguero a tiempo completo fue un paso fácil que no tuve que pensar. La verdad es que fue un proceso angustiante que duró tres años y medio. Tuve miedo todos los días antes de dar ese paso. Y cada día desde entonces he tenido miedo de que todo se desmorone y deje de funcionar.

Deja que te cuente sobre la vez que hice llorar a mi hija de siete años. No estoy orgulloso de esta historia, pero la explico para demostrar cómo el miedo puede apoderarse de cualquiera: incluso de la persona que está escribiendo este capítulo sobre cómo superarlo.

Una noche, durante la cena, nuestra hija, Alexa, y nuestro hijo, Salem (de cuatro años), estaban conversando sobre los almuerzos que servían en su colegio. Al igual que a la mayoría de los niños, según parece, no les gustaban las opciones que ofrecía el comedor escolar. Entonces yo dije, bromeando: «Bueno, será mejor que consigas que te guste. Si mi blog no funciona, tendrás que meterte un almuerzo extra en tu mochila para que lo compartamos entre todos y podamos cenar».

Me pareció gracioso, pero…

Alexa rompió en llanto.

A continuación, Salem abandonó la mesa en silencio.

Más tarde, mi esposa dijo: «Joshua, no deberías decir esas cosas delante de los niños». Ese comentario era muy sutil. De hecho, esta escena fue la culminación de cientos de bromitas y comentarios que yo había hecho durante los últimos dos años sobre el fracaso de mi blog. Y justo en esa cena me di cuenta de cuánto había afectado a nuestros hijos. Salem y Alexa tenían realmente miedo de que el proveedor de la familia (yo) ya no tuviera dinero para mantenerlos. Y si sucedía, ¿cómo sobreviviría nuestra familia?

La cuestión es que Salem y Alexa no eran los únicos con miedo. Kim y yo también estábamos preocupados por nuestro futuro económico, en especial yo. Yo había identificado un objetivo (crear una nueva trayectoria profesional como divulgador en internet de un estilo de vida) y estaba preparado para ir tras esa meta porque creía que era importante. Pero eso conllevó riesgos. Quizás tener un blog sobre minimalismo solo era posible como un trabajo paralelo. Quizás no era algo a lo que pudiera dedicarle todas mis horas laborales mientras mantenía una familia. Siempre había trabajado para organizaciones estables que me pagaban cada dos semanas, y estaba a punto de renunciar a ello. Además, ¿qué sucedería si era terrible siendo mi propio jefe?

Estaba tan preocupado por los riesgos económicos que hice muy despacio la transición hasta dedicarme a tiempo completo al blog sobre minimalismo. Durante un año y medio consideré la posibilidad, pero lo abordé solo como un proyecto en mi tiempo libre mientras trabajaba en una iglesia de Vermont. Luego acepté otro empleo en una iglesia de Arizona, porque el empleo de Vermont estaba diseñado para concluir en dos años. A esas alturas, según el plan, llevaría *Becoming Minimalist* al siguiente nivel y dependería del blog como mi fuente de ingresos.

Y así fue.

En retrospectiva, los miedos que tuve durante esos tres años y medio de transición parecen un poco tontos. Antes decía que, en retrospectiva, el miedo que antes nos parecía una imponente montaña puede parecer ahora un simple badén, y este fue el caso. La parte económica de mi trabajo en el ámbito del minimalismo ha salido bien, y mis hijos nunca han necesitado robar almuerzos de la escuela.

Compartiré algunos detalles más sobre cómo di pasos pequeños, pero reales, para superar mi miedo.

Cuando empecé a dedicarme a tiempo completo a *Becoming Minimalist*, ganaba 2.000 dólares al mes online. Kim y yo decidimos que nuestra familia de cuatro necesitaba 4.000 dólares al mes para vivir y cubrir, por ejemplo, la hipoteca y el seguro de salud (excluyendo las vacaciones o las cosas no necesarias; gracias, minimalismo). En esa época teníamos aproximadamente 18.000 dólares en el banco que habíamos ahorrado gracias al arduo trabajo de tres años, es decir, una red de seguridad para nueve meses en los que podríamos gastar los 2.000 dólares necesarios por mes en caso de necesitarlo.

Me dije a mí mismo que, si en nueve meses no habíamos logrado ganar lo necesario con *Becoming Minimalist*, sabría que no debería considerarlo una salida profesional. Una década después, todavía estoy trabajando en el blog, y no podría ser más feliz. Creo que esta es mi vocación y mi propósito, y no me arrepiento de la decisión ni por un segundo, aunque en aquel momento fue muy difícil.

Por supuesto que es más fácil superar tu miedo a que fracase esa nueva aventura profesional que es importante para ti cuando tienes una red de seguridad: económica, relacional, o sea cual sea el tipo de seguridad que necesites. Es genial saber que siempre te puedes ir a vivir con tus suegros un tiempo si el nuevo negocio fracasa. O que tienes algunos ahorros para tu jubilación que podrías usar antes de tiempo si lo necesitas. O que puedes recuperar tu anterior empleo. Esto podría reducir el miedo a intentarlo.

Superar el miedo no equivale a tomar decisiones poco sabias. Coloca una red de seguridad si lo necesitas. Lo que quiero decir es que lo hagas con consciencia y determinación. Hay una diferencia entre no avanzar porque de veras no estás listo o porque no es el momento adecuado y no avanzar por culpa del miedo. El deseo de seguridad puede estar motivado por el miedo. La prudencia puede volverse una excusa para la procrastinación.

Hagas lo que hagas, actúa con sabiduría. Considera el coste antes de comenzar a construir tu nuevo futuro o hacer un cambio de vida trascendental. Pero no permitas que la inseguridad te detenga cuando sea momento de intentarlo. El mundo necesita tu mayor contribución posible. Tú necesitas realizar la mayor contribución que puedas.

Cantidad de vidas que tienes para invertir en el Bien Mayor = una

El miedo y el deseo son emociones que están muy relacionadas entre sí. Por ejemplo, si temes pasar hambre, desearás riqueza. Si temes al cambio, desearás estabilidad. Si temes a la soledad, desearás una relación. Si temes al fracaso, desearás comodidad. Y la lista sigue.

No todos los miedos son malos, pero cada uno de ellos resulta en el deseo opuesto. No podremos eliminar el miedo nunca, pero podremos priorizar nuestros miedos para que el miedo a no alcanzar nuestro máximo potencial supere a cualquier otro miedo que evite que actuemos y marquemos la diferencia. Eso es la valentía: actuar, pero no en ausencia de miedo, sino ante el miedo. O, en las palabras inmortales del gran Mago de Oz: «El verdadero valor está en enfrentar el peligro cuando tienes miedo, y de esa clase de valor tienes de sobra».[11]

Eso es la valentía: actuar, pero no en ausencia de miedo, sino ante el miedo.

Así que permíteme preguntarte, para cerrar, antes de pasar a las distracciones externas que nos impiden tener una vida con sentido: si vivieras toda tu vida y nunca asumieras ningún riesgo, ¿crees que te arrepentirías? Probablemente.

El miedo tiene un modo dañino de distraernos y evitar que vayamos tras nuestras metas, que alcancemos nuestro mayor potencial y que demos lo mejor de nosotros al mundo. No querrás ser como Jiao (la vendedora de perfumes) y cientos de otras personas que se arrepienten de no haber intentado nunca hacer algo más significativo y gratificante con sus vidas.

Si el miedo te impide vivir la vida que siempre has deseado, intenta descubrir cuáles son tus miedos ocultos y redirecciónalos intencionalmente. Para empezar, témele a la idea de desperdiciar la única vida que tienes.

4

Heridos

Superar la distracción de los errores del pasado

Siempre hay tensión entre las posibilidades
a las que aspiramos y nuestros recuerdos heridos y los
errores del pasado.

SEÁN BRADY

Deanna Hutchison es bloguera y una conferenciante exitosa. Está en paz con su Dios, entusiasmada por su nuevo matrimonio, y le llena su trabajo. Sin embargo, durante mucho tiempo, pareció que los errores de su pasado podrían costarle todo, incluso la vida.

En su caso, y en el de muchas personas más, sus problemas se remontaban hasta su infancia. Creció en una casa con sus padres; su padre trabajaba de vendedor y su madre era ama de casa. La madre de Deanna era amorosa. Sin embargo, su padre se pasaba la mayor parte del tiempo trabajando y, cuando volvía a casa, solía estar estresado por lo que había ocurrido en su trabajo. Él amaba a Deanna, pero tenía mal carácter, así que, para Deanna, él era quien imponía disciplina a través de la furia. A ella le faltó seguridad emocional.

Reflexionando sobre sus años como joven adulta, me dijo: «Tenía la mente llena de discursos negativos sobre mí misma e incluso mentiras. Nunca pensaba que era lo bastante buena. Creía que no valía nada y que lo estropearía todo. Esos discursos se reproducían una y otra vez en mi mente mucho después de mi infancia. Literalmente, creía que era tonta».

A consecuencia de su pensamiento dañino, Deanna buscó validación en una horda de cosas fuera de sí misma. Empezó a beber, a drogarse y a tener relaciones con hombres que no eran buenos para ella. Cuando llegó a los treinta años, Deanna era alcohólica y drogadicta, y su futuro parecía cada vez menos prometedor.

De niña había querido casarse y tener cinco hijos, pero empezaba a dudar que eso fuera a ocurrir. También había querido ser maestra. Y, de hecho, había trabajado de maestra de matemáticas en un instituto durante un tiempo… hasta que tuvo que renunciar debido a sus adicciones. Al final, se quedó sola, deprimida y muy endeudada. Estaba convencida de que moriría o enloquecería si las cosas no cambiaban pronto.

Empezó a evaluar cómo había llegado a ese punto. «¿Cómo terminé siendo una adicta a los treinta y tantos? —se preguntó—. ¿Por qué permití que los hombres me trataran tan mal? ¿Y qué sucedió con la niña que tenía muchos sueños?». Decidió que haría lo necesario para descubrirlo.

Para ella, los problemas venían de la relación con su padre y, como diría ella, el punto de inflexión llegó cuando se puso a bien con Dios. Otras personas tienen distintos puntos de inflexión en su vida cuando empiezan a dejar atrás el daño de su pasado, pero el de Deanna fue principalmente espiritual.

En 2009, a los treinta y seis años, Deanna empezó el arduo trabajo de recuperarse de su adicción y poner en orden sus finanzas y su vida laboral. Aún afronta desafíos que nacieron en el pasado, pero su vida también está llena de victorias.

Nos hace una advertencia a todos. «Si no identificamos cómo nuestro pasado nos hizo desarrollar mecanismos de afrontamiento insalubres, si no encontramos la valentía de sanar y perdonar y no aprendemos nuevos mecanismos, todos podemos caer en reaccionar desde las heridas de nuestro pasado».[1]

Errores cometidos y errores sufridos

Deanna tiene razón. En nuestra búsqueda de aquello que nos importa, los errores del pasado pueden ser un peso, una distracción y un freno que evita avanzar. Cuando hablo de «errores del pasado», me refiero a cualquier cosa negativa que hayas hecho o que te haya sucedido y que evita que avances o logres tus metas. A veces, la palabra «errores» se queda corta, como en el caso del maltrato infantil. A veces, los actos en cuestión son completamente malvados. De todos modos, grandes o pequeños, cometidos por nosotros o por otra persona, los errores del pasado tienen un efecto paralizante en muchos de nosotros.

Todos nosotros, de un modo u otro, nos vemos influidos por problemas de nuestro pasado. En muchos casos, un error o una dificultad previa pueden ser como una mano extendida que sujeta nuestro tobillo para evitarnos avanzar. Lo que hace que esta distracción sea aún más difícil de superar es que, en general, no se trata solo de un problema, sino que es una mezcla de errores y maltratos relacionados con lo que ha ido mal en nuestra vida. Sentimos vergüenza y culpa.

Aunque algunos errores del pasado son fáciles de olvidar, otros son potentes y tienen un efecto a largo plazo. Para empezar, pueden impedir que tengamos la visión de hacer aquello que nos importa. Pueden contribuir a que aparezcan algunos de los miedos que mencionábamos en el capítulo anterior. O pueden inquietarnos y obstaculizar nuestro intento de ir tras nuestras metas de vida. Yo los llamo «distracciones», pero a veces parecen más bien un «descarrilamiento», algo que hace que un tren se salga de las vías de la vida. Al final, podríamos arrepentirnos de las oportunidades y las posibilidades que perdimos por culpa de ellos.

Cuando deberíamos aceptar algún cambio, los errores del pasado nos hacen dudar.

Cuando deberíamos ser valientes, los errores del pasado nos generan ansiedad.

Cuando deberíamos tener fe en nosotros mismos, los errores del pasado nos hacen sentir que no somos dignos.

Cuando deberíamos soñar a lo grande, los errores del pasado merman nuestra ambición.

Cuando deberíamos decir que «sí», los errores del pasado nos convencen de que solo tenemos un «no».

Hay muchas personas que pierden el tiempo dando vueltas a los errores del pasado o descalificándose a sí mismas a causa de esos errores. Si quieres saber por qué tantas personas nunca lograr hacer aquello que les importa, una de las razones más comunes es esta. ¿Y tú qué? ¿Cuál es tu caso? Mientras describo con mayor profundidad cómo pueden ser los errores del pasado, piensa en eventos pasados o en los patrones que más han marcado tu rumbo.

Los errores del pasado pueden ser muy diversos. También es importante puntualizar que, si bien algunas personas pueden considerar que algo ha sido un error en su vida, otros no lo definirían así o lo aprovecharon de alguna manera, de modo que ya ni siquiera lo considerarían un error.

Pero de cara a definir un marco para este capítulo, estos son algunos errores que pueden hacer que alguien pierda el rumbo de su vida:

- Dejar el colegio.
- Hacer una inversión insensata.
- Quedar en bancarrota.
- Ser infiel en el matrimonio.
- Tratar mal a otra persona.
- Sufrir un accidente en el que resultó dañada otra persona.
- Pasar vergüenza en público.
- Perder la paciencia con tu hijo y distanciarte de él o ella.
- Cometer un crimen que estará en tu expediente para siempre.

Y puede que estos errores no se cometan una sola vez. A veces se trata de patrones (malos hábitos, adicciones, mala predisposición) que están tan arraigados que parecen una parte de tu carácter imposible de cambiar. Por ejemplo, podrían ser...

- Estás en Alcohólicos Anónimos y, por ahora, no bebes, pero recuerdas bien que ya has tenido que poner a cero tu contador de días sin beber.
- Te sientes incómodo al socializar y no eres bueno relacionándote con la gente.
- Sufres de desorganización crónica; eres desordenado e ineficiente.
- Parece imposible que saldes tus deudas.
- Tienes un historial de autosaboteo.
- No sabes poner límites y se aprovechan de ti una y otra vez.
- Eres indeciso.
- Eres perfeccionista.
- Eres temeroso y derrotista.

También están las suposiciones que hacemos sobre nuestra capacidad de cambiar. Hasta ahora, a medida que hemos analizado metas de vida en este libro, ¿has dicho o pensado alguna de estas cosas?

- «Nunca sé por dónde empezar».
- «Es demasiado tarde».
- «Soy demasiado mayor».
- «No tengo lo que hace falta».
- «Nunca he hecho algo así».
- «Me basta con cumplir metas menos ambiciosas».
- «No tengo madera de líder».
- «No tengo la formación adecuada (o la experiencia suficiente, o los títulos necesarios, etc.)».
- «Nunca podría hacerlo».

Por último, y quizás lo más doloroso, está el daño que te causó la naturaleza u otra persona. En el caso de Deanna Hutchison, lo que le hizo perder el rumbo fue el temperamento de su padre. Otros tipos de «errores» que nos afectan, pero de los que no somos responsables, pueden incluir pérdidas, ofensas, traiciones e incluso crímenes y desastres.

Mientras piensas en el futuro y en alcanzar tus metas, ¿necesitas considerar alguna de estas cosas?

- Una discapacidad.
- Un abandono o maltrato.
- Una enfermedad crónica.
- Abuso verbal, sexual o físico.
- Discriminación racial.
- La pérdida de un ser querido.

Quiero que quede claro que no me estoy tomando a la ligera ninguna de estas categorías de errores pasados. Es que, muchas veces, las personas no avanzan por esos errores (en vez de enfrentarse a ellos y superarlos) y son incapaces de seguir adelante. Si esperamos a estar sanos, perfectos y preparados en todos los sentidos, nunca lograremos nada. Todas las cosas valiosas que se han hecho son obra de alguien con defectos y heridas. Algunos mayores, otros menores, claro. Pero nadie es perfecto.

Si esperamos a estar sanos, perfectos y preparados
en todos los sentidos, nunca lograremos nada.
Todas las cosas valiosas que se han hecho son obra
de alguien con defectos y heridas.

Volver al ruedo

¿Con qué frecuencia se da esta distracción en la vida de la gente? En nuestra encuesta *Things that Matter Survey* preguntamos: «¿En qué medida tus errores del pasado te impiden tener el futuro que te gustaría?». Una gran mayoría (61 por ciento de los encuestados) dijo que sus errores pasados influían entre «un poco» y «mucho».

¿Tus errores del pasado te impiden tener el futuro que te gustaría?

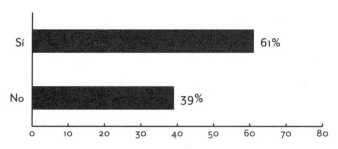

Además, preguntamos: «En qué medida las cosas malas que te ocurrieron en el pasado te impiden tener el futuro que te gustaría?». En este caso, más de la mitad de los encuestados (55 por ciento) respondió que entre «un poco» y «mucho».

Aquí hay mucho potencial desperdiciado. ¡Qué triste! Casi dos de tres personas afirman que su pasado, de uno u otro modo, les impide tener el futuro que les gustaría. Yo sufro por todos nosotros. No solo por los que sienten que no pueden avanzar, sino también por quienes se beneficiarían de que nosotros alcancemos la plenitud y el éxito.

¿Las cosas malas que te ocurrieron en el pasado te impiden tener el futuro que te gustaría?

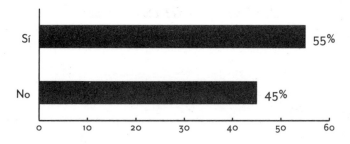

¿Hay esperanzas de que podamos liberarnos de la influencia de nuestros errores pasados? Claro que sí. Hay un sinfín de ejemplos que nos demuestran que podemos realmente superar cualquier tipo de acto de destrucción en nuestro pasado. No se trata de una distracción nueva que impide a la gente lograr aquello que le importan: es tan antiguo como la propia humanidad.

En 1962, Victor y Mildred Goertzel escribieron un libro llamado *Cradles of Eminence* («Cunas de eminencia»), en el que investigaron la vida de más de cuatrocientas personas exitosas, como Louis Armstrong, Frida Kahlo, Eleanor Roosevelt y Henry Ford. En la actualidad aún se sigue citando este libro por sus importantes descubrimientos: el 75 por ciento de los sujetos de estudio de los Goertzel «habían crecido en una familia que cargaba con un problema grave: pobreza, abuso, padres ausentes, alcoholismo, una enfermedad grave o alguna otra desgracia».[2]

Cincuenta y cinco años después de la publicación del libro de los Goertzel, Meg Jay, articulista del *Wall Street Journal*, escribió: «Si los Goertzel repitieran su estudio hoy, encontrarían muchos ejemplos más de hombres y mujeres que llegaron muy lejos después de tener una infancia difícil: Oprah Winfrey, Howard Schultz, LeBron James y Sonia Sotomayor, por nombrar algunos. En la actualidad, solemos describir a estas personas como "resilientes"».[3]

Resiliencia. Determinación. Ser un luchador. Según Jay, esto es lo que explica la diferencia entre quienes triunfan y superan las adversidades y quienes no lo hacen.

Quizás te has hartado de escuchar palabras como esas. Quizás te has hartado de luchar. Pero necesitas escuchar esto. Necesitamos que luches. Necesitamos que asumas la responsabilidad de tu propia vida, más allá del dolor de tu pasado. El potencial en tu interior ya no puede permanecer oculto.

Y solo hay una manera de aprender a ser resiliente: «Superar adversidades en la infancia es una batalla fenomenal. Es heroico, poderoso, arriesgado; en general, es una hazaña que lleva décadas y, sin embargo, con el tiempo, puede llevar al éxito ordinario y extraordinario».[4]

Deja atrás el pasado.

No puedes cambiar el pasado, pero puedes controlar la influencia que tiene sobre ti. Y quizás el dolor de tu pasado incluso te haga ser mejor a la hora de hacer cosas significativas de lo que hubieras sido sin ese dolor.

Tu cartel en el camino

Conocí a un empresario de éxito que solía decirme: «Los grandes líderes corren hacia los problemas». Es un buen consejo no solo para los líderes que se ocupan de subsanar disfunciones organizativas, sino para todos los que lidiamos con nuestros propios problemas. Demasiadas veces nos vemos tentados a negar, ignorar o esconder nuestros problemas. Por esa razón, la culpa y la vergüenza por nuestro pasado tienen tanto peso en nuestra vida que nos impiden ir tras lo que haría que nuestra vida fuera más completa hoy en día.

Corramos hacia nuestros problemas. Afrontémoslos. Y hagamos algo al respecto.

Corramos hacia nuestros problemas. Afrontémoslos.
Y hagamos algo al respecto.

Quizás sientes que ya has lidiado con errores de tu pasado, pero, si aún están evitando que avances, es una señal de que su efecto en ti es más poderoso de lo necesario. Te invito a crear tu propio punto de inflexión que marque un antes y un después respecto a tus errores pasados. Coloca un cartel en tu camino al que puedas mirar en retrospectiva y decir: «Ese fue el momento en el que lo cambié todo». Cuando hayas dejado atrás los errores y el dolor, descubrirás que eres más libre para avanzar hacia donde hayas elegido ir.

Si has hecho daño a otros...

1. Reconoce lo que hiciste y el daño que eso causó a otros. Intenta identificar por qué lo hiciste, qué dice acerca de tus debilidades y qué aspectos de ti mismo aún tienes que mejorar.
2. Permítete sentir remordimiento y arrepentimiento.
3. Si crees en Dios, tal vez desees pedirle perdón. Recuerda que, si Dios te perdona, eres libre de perdonarte a ti mismo.

4. Discúlpate con aquellos que lastimaste y pídeles perdón, si es posible y no empeora las cosas. Si la persona herida ya no está, puede ayudar disculparte en voz alta en una habitación vacía o escribir una carta. Hiciste lo posible para disculparte.

5. Si es posible, compensa a la persona herida. Si no es posible, ¿hay alguna manera de que puedas hacer «una cadena de favores» haciéndole el bien a alguien más? Esta acción ayudará a solidificar la colocación de ese cartel que marca tu punto de inflexión.

6. Dite a ti mismo: «Mi error estuvo mal y causó daños, pero terminó. Ahora está en el pasado. Lo he dejado atrás, y no evitará que tenga una vida mejor en el futuro». Repítelo todas las veces que sea necesario.

Si te han hecho daño...

1. Reconoce el daño y las consecuencias que tuvo para ti. Identifica quién es responsable (si es que hay alguien que lo sea).

2. Si alguien es responsable de este daño, perdónale. Esta no es una excusa para justificar o minimizar su comportamiento. La intención es liberar a esa persona del rencor que has sentido hacia ella en tu corazón. Es por tu propio bien. Puedes perdonar incluso si la otra persona no admitió su culpa e incluso si la otra persona nunca supo lo que hizo.

3. Si el daño que sufriste proviene de la naturaleza o el destino (como una discapacidad o una catástrofe natural), no hay nadie a quien perdonar. Tan solo debes aceptarlo. No niegues lo ocurrido y no te culpes a ti mismo o a nadie. Simplemente es así. No necesitas minimizarlo o exagerar.

4. Dite a ti mismo: «Lo que me sucedió fue malo y dañino. Pero tengo que liberar mi enfado al respecto y no permitiré que este evite que tenga una vida mejor en el futuro».

Aviso: en muchos casos, incluso cuando decidimos con determinación dejar atrás los errores pasados, aún tenemos que lidiar con las consecuencias negativas persistentes que tienen. Pero esas consecuencias ya no tienen por qué *controlarnos*. Hemos encontrado un modo de escapar de la influencia que ese pasado doloroso tiene en nosotros.

Sin importar tu pasado o tu personalidad, puedes (y debes) superar la actitud derrotista hacia la vida. En algún momento, si no superamos este modo de pensar, permitimos que los errores de nuestro pasado saboteen nuestro presente y nuestro futuro a un nivel que no ayuda a nadie.

Nadie es tan culpable o está tan herido que no pueda hacer algo diferente con su futuro y hacer algo significativo para el mundo.

Creo de verdad que nadie es tan culpable o está tan herido que no pueda hacer algo diferente con su futuro y hacer algo significativo para el mundo. Un motivo por el que creo con fervor en esto es que lo que fue destructivo puede redimirse y volverse constructivo. No es un trabajo fácil, pero vale la pena.

¿Cuándo deberías buscar ayuda profesional?

Christine Wilkens, terapeuta colegiada y especializada en traumas, sugirió estas preguntas para ayudarte a decidir si deberías buscar ayuda profesional:

- ¿Sufrí daños causados por otros en mi infancia (antes de la pubertad), un período clave para el desarrollo cerebral?
- ¿He vivido algo que me hizo temer por mi vida o por la vida de alguien cercano a mí?
- ¿Pienso o hablo constantemente de un trauma o un error pasado?
- ¿Nunca estoy satisfecho con mi vida? ¿Me resulta difícil relajarme?

- ¿Soy incapaz de mantener vínculos?
- ¿Siento que otras personas no me dedican tiempo suficiente?
- ¿Siento que me rechazan constantemente?
- ¿Siento la necesidad constante de reinventarme?
- ¿Alguna vez he hecho un tratamiento para un trastorno de ansiedad o para la depresión y me pregunto si necesito una reevaluación?
- ¿Tengo un plan de tratamiento, pero a menudo no logro cumplirlo?
- ¿Siempre evito hacer planes que me lleven a tener éxito en la vida?

Christine dice que si respondiste que sí a cualquiera de estas preguntas y sientes curiosidad acerca de si tu vida podría mejorar, ella recomienda que hables con un terapeuta para saber el tipo de tratamiento adecuado para ti.[5]

Superación

Desde su niñez, la vida de Jada Ried ha girado en torno a la superación. A veces, para demostrarle a otros su valor. A veces, porque no tuvo otra opción.

Cuando Jada tenía cinco años, su madre soltera la entregó a los servicios sociales porque ya no podía cuidar de ella y de sus hermanos. Jada entró en el sistema de acogida del estado de Nueva York. Durante los ocho años siguientes, Jada vivió en varias casas con relaciones tóxicas y abusaron sexualmente de ella.

Con el tiempo, Jada volvió a vivir con su madre, pero para entonces ya cargaba con las heridas de la negligencia y del maltrato. «Intenté superar mi pasado volviéndome una perfeccionista», me contó. Con mucho esfuerzo se convirtió en una de las mejores alumnas y en una estrella del atletismo en el instituto. Luego se unió al ejército, donde siguió estando motivada a brillar.

Después del servicio militar, Jada tuvo que superar obstáculos de género y raciales para unirse a las fuerzas de la ley. «Cada vez que me decían que no podía hacer algo, tenía más ganas de hacerlo», me confió.

Pero, con el tiempo, su deseo de brillar dio un giro negativo. Cuando presenció como otros oficiales se hacían ricos a través de la corrupción, ella también quiso participar. Se desvió de las fuerzas de la ley y comenzó a vender drogas y armas. «Se me daba bien —recuerda—. Le compré una casa a mi mamá con el dinero. Me volví muy materialista. Compraba oro y diamantes y cualquier cosa que pudiera para ostentar mi "éxito"».

Pasó de vender drogas a la adicción. Con el tiempo, sus decisiones de vida la perjudicaron y fue a prisión tres veces. En su tercera estancia en prisión, en vez de aprovecharse del sistema para salir antes de tiempo, decidió que cumpliría el total de su condena. Allí atravesó una transformación personal en la que perdonó a quienes la habían hecho daño y se redimió. «Ese fue el día en que cambió mi mentalidad respecto a mí misma. Fue el día en que vi en quién podía convertirme y el bien que podía traer al mundo».

Al salir de prisión, Jada se mudó a Arizona para empezar su nueva vida. Después de tener distintos trabajos para pagar las facturas y ponerse en pie, comenzó a buscar empleo en organizaciones sin ánimo de lucro locales a fin de ayudar a los demás. Con sus antecedentes, no fue fácil para ella obtener un certificado de antecedentes penales, pero un oficial la ayudó a obtener uno. Tenía que hacerse cargo de su pasado y enmendar lo necesario (aún había órdenes de detención pendientes en los estados vecinos).

Me dijo: «Fue uno de los días más emotivos de mi vida, Joshua. No ha sido un camino fácil y ha habido muchos altibajos. Pero ese certificado de antecedentes penales que me permitió trabajar en organizaciones sin ánimo de lucro en Arizona era un símbolo de que había superado mi pasado y de que tenía una vida nueva».

Desde entonces, ha dedicado su vida a servir a los necesitados, incluyendo personas sin hogar y aquellos en situación de desventaja.

Incluso se ha convertido en un recurso de confianza del sistema de educación pública de Arizona, al ganarse una reputación ayudando a adolescentes que viven en la pobreza. Ha sido un camino circular para Jada. Hace poco, se mudó de nuevo con su madre anciana para cuidarla, y ahora trabaja en un hogar para adolescentes problemáticos en Nueva York, ayudándolos a evitar que cometan los mismos errores que ella.

Redimir el pasado

Mientras dejamos atrás el pasado como hizo Jada Reid, deberíamos tener la valentía de escuchar nuestro dolor, porque a veces puede enseñarnos en qué aspectos de nosotros mismos necesitamos trabajar. A veces nos ayuda a mejorar a la hora de alcanzar nuestras metas. Y en una cantidad sorprendente de casos permite que encontremos un propósito de vida importante en medio de nuestro dolor.

¿Recuerdas a Deanna Hutchison, la mujer cuya relación disfuncional con su padre en su infancia le causó muchos problemas al crecer? Una cosa en la que tuvo que trabajar cuando por fin se recuperó de su adicción a las drogas y de sus patrones autodestructivos fueron sus deudas económicas. Le llevó tres años y medio salir del agujero financiero que había creado, pero con resiliencia y determinación lo logró. Luego fue aún más lejos. Al haber experimentado en primera persona lo arduo que fue sanear su situación económica mientras se recuperaba de su adicción, Deanna decidió ayudar a otras mujeres en la misma situación. «Todo lo que he vivido me ha dado el honor de ayudar a otras mujeres en recuperación» dijo. Hoy trabaja con mujeres en proceso de sanación que quieren mejorar su gestión del dinero y su «riqueza mental».

Este es un patrón que veo constantemente. Muchas veces, nuestras experiencias pasadas dañinas nos abren los ojos para ver a otros que sufren, nos llenan el corazón de compasión o nos muestran sitios donde podemos ayudar.

Pondré otro ejemplo.

Emilia, una amiga mía, trabaja como voluntaria en una organización sin ánimo de lucro que atiende a soldados veteranos que sufren trastorno de estrés postraumático (TEPT). Muchos soldados que han estado en zonas de guerra regresan con recuerdos, pesadillas, ansiedad y cambios de humor que dificultan su reincorporación a la sociedad y a sus familias. Emilia trabaja como patrocinadora, asesorando a los veteranos que acaban de volver para que se readapten a su vida familiar y social. Aunque ella no es veterana, es célebre por entender bien el TEPT y por acompañar a las víctimas a través de lo que suele ser una recuperación larga.

Este trabajo voluntario es completamente distinto del trabajo diurno de Emilia como agente inmobiliario. Le pregunté cómo empezó a participar como voluntaria.

«Estaba casada —me contó con tristeza—. Se llamaba Daniel y había vuelto de prestar servicio en las fuerzas armadas con un TEPT grave. Volvió un hombre diferente al que se había ido. Se esforzó mucho por readaptarse, pero no pudo superar el trauma. Fue como si el TEPT se hubiera apoderado de él y se hubiera convertido en alguien que nunca había querido ser. Empezó a afectar nuestro matrimonio, en forma de maltratos y caos, y hubo que poner fin al matrimonio».

Emilia es una mujer que ha sufrido inmensamente debido a un TEPT no tratado en un ser querido; de hecho, destruyó toda su vida. Pero en vez de permitir que eso la hundiera, lo usó como trampolín para ayudar a otros soldados con TEPT y a sus familias para que otras mujeres no sufran lo mismo que ella. Emilia lleva hoy una vida de la que jamás se arrepentirá.

Si te has planteado que tus errores del pasado te descalifican para ir tras cosas significativas o importantes para ti, quiero que cambies tu modo de pensar. Esas mismas circunstancias podrían calificarte para tener un objetivo particular o un buen trabajo. Puedes aprender lecciones que no aprenderías de ninguna otra manera. Puedes usar tu sufrimiento para aliviar el de otra persona. Y así no solo podrás escapar de las cadenas del pasado, sino también ponerlo a tu servicio para que hacer cosas que te importen.

No digo que cada error se convierta en una misión. Esta distracción no siempre se convierte en un objetivo. Pero al menos deberíamos estar atentos a esa posibilidad. Y cuando se hace realidad, es hermoso ver la redención que se produce.

Siente orgullo

Recordemos nuestro propósito a la hora de ir en busca de aquello que nos importa: la intención es llegar al final de la vida con más satisfacción respecto a cómo pasamos nuestro tiempo en la Tierra y arrepintiéndonos menos de las decisiones que tomamos. No podemos esperar lograrlo a menos que lidiemos con las distracciones y los arrepentimientos que ya tenemos. Y sé que parece difícil.

La realidad es que todos nos enfrentamos a errores, heridas o predisposiciones distintas de nuestro pasado. Van desde molestias a traumas. A veces, cuando empezamos a trabajar en ellos y a superarlos, hay un momento de iluminación en el que vemos cuánto han interferido estos errores pasados a la hora de ir en busca de lo que amamos. Es un pensamiento que podría sonar así: «No me puedo creer cuánto tiempo y energía he desperdiciado por culpa de mi pasado. Me avergüenza. ¿Cómo supero esta culpa?».

Esta es mi respuesta: superas la culpa y la vergüenza sintiéndote orgulloso de la persona en la que te estás convirtiendo y en los cambios que estás haciendo hoy. Alégrate por cómo será tu vida.

No puedes cambiar el pasado, pero puedes superarlo con la esperanza de tener un futuro mejor. Puedes tener más libertad para amar, servir y vivir una vida que no cause arrepentimiento.

No puedes cambiar el pasado, pero puedes superarlo con la esperanza de tener un futuro mejor.

Supera el pasado. Crea un punto de inflexión para ti mismo.

Cuando la puerta de la oportunidad se abra, los errores del pasado aún dirán: «Detente».

Pero ahora podrás responder: «Esta vez no».

TERCERA PARTE

DISTRACCIONES DEL BIEN MENOR

5

El monstruo del ego

Superar la distracción de la felicidad

Un individuo no ha comenzado a vivir hasta que puede
elevarse por encima de los estrechos confines de sus
preocupaciones individualistas a las preocupaciones más
extensas de toda la humanidad.

Martin Luther King Jr.

La famosa «búsqueda de la felicidad» está incluida en la Declaración de Independencia de Estados Unidos. No porque alguien esperara el permiso de Thomas Jefferson para ir en busca de la felicidad, sino porque todos queremos por naturaleza ir tras ella. Y no hay nada malo en ello.

Siempre y cuando sea el tipo correcto de felicidad. De otro modo, es solo una distracción.

En algún momento del camino (o quizás siempre ha sido así), parece que los seres humanos confundimos la búsqueda de la felicidad con la búsqueda de la individualidad. En consecuencia, pensamos que seremos más felices si nos centramos en nosotros mismos, si invertimos nuestros recursos en nosotros mismos y cubrimos nuestras necesidades y deseos... a veces incluso a costa de los demás. Lo vemos en todas partes a nuestro alrededor.

Basta con observar a los niños jugar y ver cómo monopolizan sus juguetes favoritos para saber lo humano que es ser egoísta. Nadie debe enseñarle a un niño a no compartir.

Pero la mayoría de nosotros no somos totalmente egoístas en la búsqueda de nuestra felicidad. Incluimos a nuestros seres queridos. Quizás también a algunas personas más. Sin embargo, es una lista bastante corta, donde Yo estoy en primer lugar.

Servirnos a nosotros mismos es algo natural para la mayoría de nosotros; siempre lo ha sido. Pero cuando intentamos satisfacer nuestro deseo de felicidad en la búsqueda de la individualidad, no logramos encontrar la felicidad real en su forma más duradera. Intentar cumplir deseos egoístas quizás ofrezca placer a corto plazo, pero a largo plazo la felicidad nunca dura. Si nos equivocamos, la búsqueda de la felicidad puede volverse una distracción que evite que alcancemos metas más significativas.

La búsqueda de la individualidad y la búsqueda de una felicidad duradera no son lo mismo. De hecho, a veces son caminos totalmente opuestos.

Al final de tu vida, ¿sentirías más orgullo por haber pasado años trabajando y ahorrando para comprar una segunda casa o por haber hecho lo posible para ayudar a los pobres o a quienes sufren en tu comunidad? ¿Sentirías más orgullo por haber pasado la mayoría de tu tiempo libre viendo deportes y jugando a videojuegos o por haber hecho el trabajo creativo único que estabas destinado a hacer?

El camino más directo y adecuado hacia la felicidad duradera y la realización es considerar no solo tus propios intereses, sino también los de los demás. Cuando empezamos a vivir por el bien ajeno, nuestra vida inmediatamente aumenta su valor. Ya no vivimos en beneficio de una o dos personas, sino que empezamos a vivir en beneficio de varias.

El camino más directo y adecuado hacia la felicidad duradera y la realización es considerar no solo tus propios intereses, sino también los de los demás.

El psiquiatra y filósofo Viktor Frankl afirmó: «La felicidad... no se persigue; sucede, y solo lo hace como un efecto secundario de la dedicación de uno con una causa mayor que uno mismo o como producto de la entrega de uno a otra persona».[1]

No podemos «perseguir» la felicidad. Simplemente «sucede».

¿Has intentado alguna vez alimentar de tu mano a un pájaro salvaje? Si te aproximas demasiado rápido o si le acercas la comida con brusquedad, volará lejos, temeroso de ti. Pero, si eres paciente y finges desinterés en el pájaro, es probable que se aproxime a ti despacio.

No corramos tras la felicidad. Vayamos tras el propósito... y dejemos que la felicidad venga hacia nosotros.

El callejón sin salida de la felicidad

Sé muy bien que cuando cuestiono que no es sabio buscar la felicidad centrada en uno mismo, sueno como un aguafiestas, por no decir como un cascarrabias. Hoy en día, nuestra sociedad parece obsesionada con la búsqueda de la felicidad y el camino que se suele plantear para alcanzarla es cuidar de uno mismo. Parece muy lógico que, para ser felices, debamos ir en busca de lo que nos parece que es la felicidad para nosotros. Miles de personas a nuestro alrededor viven de ese modo... y, sin duda, parecen felices. El consumismo se fundamenta en la idea de que la búsqueda de la individualidad es la llave de la felicidad.

Pero el punto de vista alternativo (que el mejor camino para lograr una felicidad duradera aparece cuando se consideran los intereses de los demás) no es solo mi opinión. Se ha demostrado en estudios científicos.

Los estudios sobre la felicidad (conocidos como «psicología positiva») son un campo de estudio propio. En este libro solo analizaremos parte de la evidencia representativa que apoya la noción de que la felicidad más genuina sucede cuando vivimos para otros.

Primero analicemos la riqueza. ¿Acumular mucho dinero y pertenencias es un camino que lleva a un estado de felicidad? La cultura dice que sí. La ciencia dice que no.

Un grupo de investigadores de la Universidad de California (Berkeley) dividieron en parejas a los participantes de un estudio para jugar al Monopoly. Este estudio no servía para analizar las aptitudes de un jugador para construir hoteles en Park Place o Boardwalk, sino que pretendía analizar todo lo relativo a cómo ganar el juego afectaría a los participantes. Tal como lo describió el profesor Raj Raghunathan:

«El juego estaba amañado para que uno de los participantes se hiciera mucho más rico que los demás rápido. Los investigadores observaron, a través de un espejo unidireccional, el comportamiento de los participantes. Resultó que, cuanto más rico se hacía un participante, más cruel se volvía gradualmente. Por ejemplo, los participantes más ricos empezaron a asumir posturas más dominantes y a hablar mal a sus contrincantes «más pobres». También consumieron una mayor proporción de un cuenco de *pretzels* que era para compartir entre todos por igual.»[2]

Raghunathan explicó por qué estos resultados son importantes: porque nos muestran que la riqueza tiende a hacer que las personas (a) sean menos generosas y (b) estén más aisladas. Y tanto la generosidad como la interconexión con los demás están muy vinculadas a la felicidad.[3] Si lo aplicamos al mundo real, esos resultados explicarían por qué las personas pueden volverse cada vez más ricas y estar cada vez más tristes, sin entender jamás qué está pasando.

Bueno, y si no podemos confiar en la riqueza para alcanzar la felicidad, ¿qué hay del éxito y la fama? Vivimos en un mundo lleno de ambición donde las personas intentan «ascender» en el trabajo y «hacerse notar» entre el jefe y los demás. ¿Y cómo les funciona hacer eso? Una vez más, la ciencia puede decírnoslo.

Un estudio de la Universidad de Rochester en Nueva York evaluó los objetivos y la felicidad de 147 graduados universitarios un año después de la graduación y pasado otro año después de eso. ¿Los resultados? «Quienes habían alcanzado metas vinculadas a la riqueza y a la fama eran menos felices... que quienes lograron metas más intrínsecas como el crecimiento personal». La razón parece, en esencia, que los ambiciosos sentían que vivían de un modo predeterminado por otros.

Mientras tanto, «aquellos centrados en objetivos intrínsecos como el crecimiento personal, tener vínculos duraderos y ayudar a su comunidad "demostraron un aumento notorio en las áreas de satisfacción de vida, bienestar y felicidad"».[4]

Ahora, hagámoslo más interesante. ¿Qué hay del sexo? Sin duda, disfrutar de la promiscuidad hace feliz a las personas, ¿no? Al menos eso me indica nuestra cultura (aparentemente es así en todos los programas de televisión y películas).

La profesora Marina Adshade resumió sus descubrimientos en esta área diciendo que las personas con más parejas sexuales son menos felices que las que tienen una sola pareja sexual. Y las personas que engañan a sus parejas son menos felices que las que no lo hacen. «Es contraintuitivo porque, si nuestro primer instinto sería suponer que dado que "el sexo nos hace felices" y "la variedad le da sabor a la vida", entonces tener más parejas sexuales debería hacernos más felices», comenta Adshade.[5] Sin embargo, la investigación que consultó demuestra de forma inequívoca que la promiscuidad no da la felicidad que esperan quienes la practican.[6] ¿Por qué sucede esto? ¿Es porque incluso el sexo es más placentero a largo plazo cuando lo consideramos algo altruista?

Probemos de nuevo, esta vez con la belleza. Todo el mundo quiere verse bien. ¿Centrarse en la mejoría física de uno mismo da felicidad?

Quizás la cirugía plástica sea un buen indicador de ello. Cada vez más personas están dispuestas a pagar miles de dólares y pasar por la angustia y el dolor que supone una cirugía para realizarse una rinoplastia o una liposucción por estética. ¿Este tipo de reconstrucciones físicas hacen que la gente se sienta mejor consigo misma?

Parece que no es así. Según un artículo publicado en *Psychology Today*, la cirugía plástica «no soluciona los problemas de autoestima fundamentales», la depresión o la infelicidad:

«Un estudio a gran escala descubrió que, al menos en la juventud, los pacientes sometidos a cirugía plástica son un grupo más trastornado, y el procedimiento no ayuda. Este estudio es importante porque siguió a más de 1.500 chicas adolescentes durante trece años, y los investigadores no sabían quiénes se operarían en ese periodo. Las 78 chicas que se sometieron a una cirugía tendían a estar más ansiosas o deprimidas, y esos síntomas aumentaron más en ese tiempo que en las que no se sometieron a una operación.»[7]

Riqueza. Éxito. Fama. Sexo. Belleza. Parece que muchas de las búsquedas individualistas de la felicidad no logran el objetivo. Tendremos que seguir buscando.

Ponerte al servicio del otro

Quiero dejar claro que no me opongo a un autocuidado razonable. Después de todo, no puedes dar lo que no tienes, como dice el viejo dicho. Todos deberíamos prestarle la debida atención a nuestro propio bienestar, a nuestra salud y a encontrar cosas que disfrutemos hacer.

Pero hay una gran diferencia entre el autocuidado y el egocentrismo. Tomar decisiones constantes donde el centro sea yo, yo y yo nunca generará los mayores niveles de felicidad, ni evitará que nos arrepintamos al final de la vida. La «felicidad» puede volverse una distracción que nos aparte de objetivos más trascendentales. En estos casos necesitamos ver el bosque completo: los propósitos de vida importantes que hemos identificado.

Descubrí que lo más efectivo para reorientar la atención de las personas de su propio deseo a las necesidades ajenas es el servicio. Es decir que, en vez de estar al servicio de nosotros mismos, servimos a otros.

Esto es porque volvernos altruistas no es un ejercicio intelectual: uno no piensa en volverse altruista y ya. No es siquiera un acto, como extender un cheque para un acto de caridad o donar una caja de bienes usados, por muy valiosas que sean esas acciones. El altruismo es una «cualidad» que adquieres cuando vas y haces algo por los demás. Al principio puede parecer más forzado que natural, pero, con el tiempo, el altruismo real empieza a surgir. Hacerlo nos hace serlo. Pasas de «elegir servir» a «estar al servicio».

Es posible que el tipo de servicio que genera esta transformación no esté relacionado en absoluto con tus metas de vida más importantes. El mayor objetivo es apartar la distracción de la felicidad individualista para que puedas lograr con mayor efectividad aquello que te importa, pero para empezar, *cualquier* acto de servicio ayuda a que derrotes a tu monstruo del egoísmo.

Así que haz algo que ayude a los demás implicándote con ellos:

- Visita a un paciente en un hospital.
- Sirve comida a los desamparados.
- Escucha a un amigo hablar de sus problemas.
- Conviértete en el mentor de un adolescente a través de un programa de mentoría como Big Brothers Big Sisters.
- Ofrécete para cuidar de un niño cuyos padres estén estresados.
- Ofrece clases de apoyo en una escuela o en un programa extracurricular.
- Sé un buen samaritano ayudando a un desconocido a cambiar la rueda de su coche.

¿Ves una necesidad a tu alrededor? Ocúpate hoy. Y la vida que cambies podría ser la tuya.

Mi consejo para encoger al monstruo del ego es salir y...

Ponerte al servicio de alguien.

Tengo el olor impregnado

Cuando era un joven sacerdote, visité Ecuador para llevar a cabo un voluntariado con cincuenta estudiantes de secundaria. Durante esa semana construimos una escuela, reparamos hogares e hicimos otros proyectos prácticos de servicio.

Una tarde, el director de la organización sin ánimo de lucro con la que colaborábamos nos pidió que subiéramos a un autobús porque ese día haríamos algo diferente. Condujimos un buen rato y llegamos a las afueras de la ciudad de Quito, hasta detenernos en uno de los vertederos de la ciudad. No era un vertedero bien mantenido como el que esperarías ver en tu ciudad. Era un espacio abierto donde tiraban basura sobre el suelo, en pilas tan altas que llegaban al cielo.

Cuando llegamos, nuestro director nos explicó: «Hoy alimentaremos a las familias y jugaremos con los niños que viven aquí». Continuó explicando que cientos de familias se ganaban el pan revisando la basura del lugar cada día en busca de algo que usar o vender. A veces, apenas conseguían unos centavos después de un día entero.

Eso fue hace más de una década, y aún recuerdo ese último paso que di al bajar del autobús hacia ese mundo nuevo. Recordaré hasta el día de mi muerte el rostro sucio de los niños con ojos grandes redondos y sus cuerpos malnutridos. Aún veo la desesperación en el rostro de sus padres mientras hacían todo lo posible para sobrevivir. Y nunca olvidaré el asqueroso olor de ese vertedero, intensificado por los rayos del sol ardiente, mientras asimilaba la realidad de que ese era su hogar.

Se trata de una experiencia que nunca se podría replicar leyendo un libro, consultando una página web o incluso emitiendo un cheque. En la actualidad, hay niños por todo el mundo que viven en vertederos, buscando comida o latas de aluminio para reciclar. Una cosa es leer sobre esta realidad y entender a nivel cognitivo que sucede, pero otra cosa muy diferente es verlo, olerlo y dar la mano a esos niños. Este es el efecto que puede tener en nosotros salir de nuestro centro y ayudar a otro ser humano.

Nunca seré el mismo debido a esa tarde en particular. Y ocurrió a través de actos simples como reconocer la necesidad de otros y ponerte a su servicio.

Pero no necesitas viajar a un parte lejana del mundo para ensuciarte las manos al servicio de otros.

Una vida de bondad

Dion Mitchell creció cerca de Toledo, Ohio, en un entorno acomodado. A lo largo de su infancia y de su juventud no estuvo casi en contacto con personas pobres. Y la familia de Dion no solía servir a los necesitados de un modo consistente. Pero cada día de Acción de Gracias, por razones que él no podía siquiera expresar, solían entregar comidas a las familias pobres de su ciudad que no tenían suficiente para comer.

Cuando me contó sobre su experiencia, Dion hizo unos cálculos rápidos en su mente. «Creo que solo lo hicimos seis años, y tardábamos cada vez unas dos horas. Así que en total fueron doce horas de mi vida. Pero ¿sabes qué, Joshua? Visitar a esas familias en Acción de Gracias es uno de los recuerdos más vívidos que tengo de mi infancia. Ver cómo vivían otras personas y saber cómo se sentía uno al dar me ayudó a prepararme para servir a otros a mayor escala ya de adulto».

Servir nos cambia.

Alrededor del mundo o a la vuelta de la esquina en nuestra ciudad, estos simples actos de servicio que generan cambios en nuestro corazón no necesitan ser desmesurados. Una vez más, la ciencia lo demuestra.

Emily Esfahani Smith, autora de *The Power of Meaning*, dijo en un artículo de opinión en el *New York Times*: «La idea de que una vida con sentido debe ser o parecer extraordinaria no solo es elitista, sino que es errónea... He aprendido que las vidas con más sentido no suelen ser vidas extraordinarias. Son vidas normales y corrientes vividas con dignidad». En su artículo cita dos estudios que demuestran que ser altruista mejora nuestra vida. Un estudio descubrió que asignar tareas domésticas a los adolescentes en sus hogares tiene un impacto importante en el bienestar positivo de los jóvenes porque contribuyen a algo más grande que ellos mismos. El segundo estudio descubrió que las acciones de autoservicio son gratificantes cuando se realizan, pero no tienen efectos positivos a largo plazo. Por el contrario, la acción altruista, incluso algo tan simple como animar a un amigo, demostró tener el resultado opuesto: un efecto positivo a largo plazo.[8]

Vivir de forma altruista da lugar a una mayor satisfacción general en la vida.

Vivir de forma altruista da lugar a una mayor satisfacción general en la vida.

Smith concluye que «una buena vida es una vida de bondad, y eso es algo a lo que cualquiera puede aspirar, sin importar cuáles sean sus sueños o circunstancias».[9] Es bueno recordar esto. Aquello que te importa no tiene por qué ser un objetivo imponente y remoto. Pueden ser cosas simples que están al alcance de todos nosotros. Pero, aun así, son la mejor manera de pasar nuestros días en la Tierra, porque no nos generarán arrepentimiento cuando pensemos en ellos en retrospectiva.

El satírico P. J. O'Rourke dijo: «Todo el mundo quiere salvar el planeta, pero nadie quiere ayudar a mamá a lavar los platos».[10] Ayudemos a mamá.

La dicha de ayudar

En la encuesta de *Things that Matter Survey* preguntamos: «En general, ¿qué te causa más satisfacción: satisfacer tus propios deseos o ayudar a los demás?». Tenía mucha curiosidad por ver cuáles serían las respuestas a esta pregunta. ¿En qué medida sería generalizada la percepción de que prestar servicio es mejor que el egoísmo para alcanzar la felicidad? Me alegró mucho ver que una gran mayoría (60 por ciento) respondió: «Ayudar a los demás». Apuesto a que tú responderías lo mismo.

En general, ¿qué te causa más satisfacción: satisfacer tus propios deseos o ayudar a los demás?

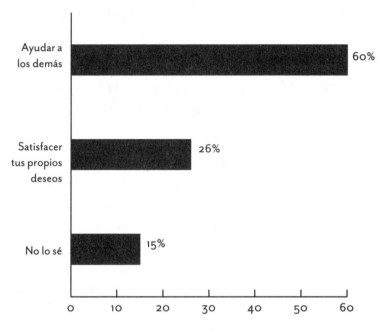

Hay datos empíricos que respaldan la creencia intuitiva que muchos tenemos de que ayudar a los demás tiene el poder de ayudarnos a nosotros mismos. Permíteme compartir los resultados de dos investigaciones más sobre este tema para reconfirmar tu sospecha sobre la importancia de llevar una vida altruista.

Unos investigadores de la Universidad de Columbia estaban interesados en descubrir si ayudar a otras personas a sentir bienestar emocional también beneficiaba a quienes proporcionaban la ayuda. Así que realizaron un estudio usando una plataforma anónima online. Los participantes compartieron historias sobre sucesos estresantes de su propia vida. También podían dar apoyo emocional a otros participantes a través de consejos, comentarios y aliento. ¿El resultado? «Los participantes que se involucraron más en ayudar a los demás (frente a aquellos que compartieron y recibieron apoyo para sus propios problemas) mostraron un mayor descenso de la depresión» y «ayudando a otros [...] podemos mejorar nuestras propias habilidades regulatorias y nuestro bienestar emocional».[11]

Un psicólogo independiente, al comentar sobre este estudio para *Psychology Today*, dijo:

«Los resultados demuestran que ayudar a otros a regular sus emociones tuvo mejores resultados a nivel emocional y cognitivo para aquellos participantes que ofrecían ayuda [...] Un seguimiento más exhaustivo demostró que esta mayor revaluación de la vida de la gente también afectó a su estado de ánimo y a su felicidad subjetiva.»[12]

En conclusión, alentar la recuperación emocional de otros nos ayuda a mejorar nuestra propia salud emocional.

En otro estudio, investigadores de la Universidad de Pittsburgh dieron a 45 voluntarios la oportunidad de hacer algo que los beneficiaría a sí mismos o que beneficiaría a una entidad benéfica o a un amigo concreto que lo necesitara. Cuando escanearon los cerebros de los participantes, los investigadores descubrieron que «los participantes que escogieron ayudar a una persona en particular no solo mostraban una mayor actividad en dos de los "centros de recompensa" de su cerebro, sino que habían reducido la actividad en otras tres áreas que ayudan a informar la respuesta física del cuerpo al estrés a través de la presión arterial y la inflamación». En otras palabras, estas personas se sentían más felices y tranquilas tras ayudar a otro individuo.[13]

Las evidencias dejan claro que las búsquedas egoístas no generan la felicidad esperada. Ahora sabemos qué sí lo hace.

Necesitamos servir a los demás si queremos alcanzar nuestro mayor potencial. Y Dios sabe que el mundo necesita de nuestro servicio.

La casa de la miseria

Hace unos años estaba en la ciudad de San Salvador (El Salvador) visitando una casa de tres por seis metros perteneciente a una mujer llamada Lucilia. Ella tenía cuarenta años, pero aparentaba fácilmente cincuenta, dado que el sol salvadoreño y el estrés de su vida habían avejentado de forma prematura su rostro. Vivía en la casa con sus dos hijas, de quince y tres años. Había un par de gallinas en el patio, lo que me indicó que Lucilia vendía huevos, tal vez solo unos pocos al día, para mantener a su familia.

Con lágrimas rodando por sus curtidas mejillas, Lucilia compartió conmigo la historia de su hija de quince años, Rachelle. Los últimos dos años, Rachelle había vivido con una enfermedad terminal que le atacaba los huesos. Eso había deformado su cuerpo y la había dejado casi completamente discapacitada. A causa de su enfermedad, esta hermosa adolescente pronto perdería la vida. Mientras tanto, la enfermedad le causaba a Rachelle un dolor insoportable e incesante. Los medicamentos para el dolor podrían ayudarla y, de hecho, había una farmacia del otro lado de la calle donde podrían haberlos conseguido. Pero Lucilia explicó que la familia no tenía suficiente dinero para pagar los medicamentos que podrían aliviar el dolor de Rachelle durante la fase final de su vida. Vender un par de huevos al día no alcanzaba para comida y medicamentos.

Se me rompió el corazón por esa chica y por su madre, quien estaba angustiada porque no podía ayudar a su hija, a quien amaba mucho.

En medio de esa conversación, otra escena distinta comenzó a tomar forma en el suelo de aquella casa oscura y sucia. Mientras hablábamos, la hija de tres años de Lucilia, Anna, salió brevemente de la habitación y regresó con una bolsita de lápices de colores usados y un libro para colorear. Anna tomó asiento en el suelo de baldosas, agarró dos lápices de colores de la bolsa y abrió la primera página del libro: ya estaba coloreada. Así que hojeó la siguiente: también estaba pintada. Igual que la siguiente... y la siguiente... y la siguiente... y la siguiente... Todas estaban coloreadas. Ese era el único libro para colorear que Anna tenía, y lo había usado todo. Se me rompió de nuevo el corazón por esa familia. Oh, ¡cuánto anhelaba correr al armario de mi hija y tomar solo uno de la gran cantidad de libros para colorear que tenía para dárselo a esta niñita preciosa!

El impacto de la pobreza que vi esa mañana estaba entre las cosas más potentes que he presenciado en mi vida. Hizo que deseara de nuevo que aquellos que tenían más de lo necesario compartieran más con quienes no tenían suficiente.

Ahora no soy tan inocente como para pensar que el ciclo de pobreza en el mundo simplemente terminaría si quienes tenemos privilegios decidiéramos tener menos y dar más. Hay mayores factores en juego en la esencia del problema. Pero cuando estás en la casa de una chica de quince años moribunda cuya madre no puede pagar la medicación para el dolor que está disponible al otro lado de la calle y en la casa de una niña cuyo único libro para colorear está ya totalmente pintado, sientes que debes hacer algo. Empiezas a abogar por el privilegio que supone compartir con los demás. Te das cuenta de que la historia de Lucilia es demasiado cercana a la tuya. Y por fin tiene sentido que no haya nada más gratificante que puedas hacer con tu vida que ayudar a los demás.

Ojalá pudiera decir que logré solucionar todos los problemas de Lucilia ese día, pero el mundo no siempre funciona de ese modo. Aun así, hice lo que pude. Cuando regresamos al lugar donde nos hospedábamos en San Salvador, tomé el poco dinero que quedaba en mi mochila y se lo ofrecí al líder de nuestro viaje. Le pedí que se ocupara de que Rachelle obtuviera parte de la medicación para el dolor que necesitaba. No fue mucho, pero era todo lo que tenía.

Y entonces llega la felicidad

Cuando desviamos el foco de atención fuera de nosotros mismos, vivimos una vida con mucho más significado y realizamos una mayor contribución. Cuando servimos a los demás sin preocuparnos de qué recibiremos a cambio, experimentamos la belleza del amor desinteresado. Y cuando usamos nuestros recursos de tiempo y dinero en los demás, empezamos a descubrir metas más valiosas que las posesiones materiales, la fama, la belleza o el sexo.

Este es un cambio importante en nuestra manera de ver el mundo. No solo porque el potencial para contribuir aumenta, sino también porque nuestra experiencia personal con la felicidad empieza a crecer. Preguntarnos por defecto: «¿En qué beneficia a otra persona esta acción?» puede funcionar como un catalizador importante para cambiar nuestra percepción de casi todo lo que hacemos. Nos invita de inmediato a acceder a un nuevo nivel de felicidad en nuestra vida.

Empieza a servir a los demás un poco. Y luego sirve más. Y después convierte ese servicio a los demás en un hábito de tu vida. Descubrirás que te arrepientes menos de cómo vives tu vida. Y un día te darás cuenta de que el pájaro de la felicidad está posado sobre tu hombro.

6

Ya es suficiente

Superar la distracción del dinero

El dinero no te hará feliz... pero todo el mundo
quiere comprobarlo en persona.

ZIG ZIGLAR

Un viernes por la noche, cuando tenía treinta y pocos años, estaba en el asiento del copiloto en el vehículo de un amigo. Acabábamos de cenar juntos, como hacíamos una vez al mes. Él había avanzado más que yo en su camino profesional y cada mes entregaba generosamente su tiempo para invertirlo en mí y ser mi mentor. Como siempre, él pagó la cena (nunca me daba siquiera la oportunidad de pedir la cuenta) y dejó una propina generosa.

En ese trayecto en particular, mientras nos deteníamos en mi vecindario, hice una pregunta que apareció en mi mente: «¿Siempre fuiste así de generoso o hubo un momento específico en el que decidiste volverte generoso?». No sé si él lo notó o no, pero yo tenía una motivación personal para hacer esa pregunta. Yo empezaba a cuestionarme el uso de mi dinero y quería ser más generoso con este.

Al principio, él intentó eludir la pregunta diciendo que no era particularmente generoso y que nunca se consideró así. Pero insistí. Había aprendido mucho sobre generosidad de él, en especial que la generosidad económica es muy variada y que no hace falta ser rico para que tu vida esté definida por el dinero.

Cuando por fin logré que respondiera la pregunta (ya estábamos sentados en la entrada de mi casa), llenó mi corazón de esperanza. «No, Joshua, no siempre fui generoso —dijo—. En algún momento de mi vida pensé que todas las personas a las que admiraba y a las que quería imitar eran generosas. Y decidí ese día que me esforzaría más por serlo». En aquel entonces, la observación de mi amigo era real... y hoy aún lo sigue siendo. Cuando pensamos en las personas que más queremos imitar en nuestra vida, ¿no son también las más generosas? Son amables, cariñosas, consideradas y altruistas. No dudan en compartir su tiempo, su dinero, sus dones y su espíritu. Quizás hay momentos en los que deseamos ser ricos, pero en el fondo sabemos que las personas que más admiramos son generosas, no ricas. Y en algún momento de nuestra vida, si es que queremos llegar al final con poco arrepentimiento, debemos también tomar la decisión de ser generosos.

Cuando pensamos en las personas que más queremos imitar en nuestra vida, ¿no son también las más generosas?

Pero ¿por qué es tan difícil? ¿Es porque nuestro deseo de tener dinero es más insistente de lo que notamos?

Anhelo de dinero

Un conocido proverbio dice: «El amor al dinero es la raíz de todos los males».[1] Y no he conocido a muchas personas que no estén de acuerdo.

Pero el problema de este proverbio es este: nadie cree que «ama» el dinero. Cuando escuchamos una frase como «el amor al dinero es la raíz de todos los males», la mayoría de nosotros asumimos que alguien más necesita escuchar ese mensaje: nuestro jefe, nuestra pareja, nuestros amigos del vecindario o ese empresario multimillonario que salió en las noticias. No solemos vernos reflejados a nosotros mismos en ese viejo proverbio.

Nadie «ama» el dinero... pero, sin duda, todo el mundo quiere más dinero.

¿Hay algún momento en el que ya sea suficiente?

El dinero es la mayor fuente de estrés entre los estadounidenses: aproximadamente el 70 por ciento de quienes ganan un salario se preocupa por el dinero con regularidad.[2] Esto sucede a pesar de que Estados Unidos es una de las naciones más ricas de la historia del mundo. ¿Cómo es posible? ¿Por qué el 70 por ciento de los habitantes de una nación tan rica se estresa por el dinero? ¿Es porque no nos alcanza? ¿Al 70 por ciento de nosotros nos falta comida, techo o ropa? No, no es por eso.

Si crees que puedes superar tu deseo por el dinero ganando más dinero, te equivocas. Incluso la mayoría de los que consideraríamos millonarios creen no tener suficiente dinero. Por ejemplo, el 87 por ciento de los millonarios dirían que no son ricos.[3] En un estudio realizado por la Universidad de Boston, las personas con unas ganancias netas de 78 millones de dólares sentían que necesitaban un 25 por ciento más de dinero para sentirse satisfechas.[4] Dicen incluso que, cuando un reportero le preguntó a John D. Rockefeller, el hombre más rico de la historia estadounidense, «¿cuánto dinero es suficiente?», él respondió: «Solo un poquito más».

En la mayoría de los casos, no nos estresa el dinero porque no tengamos suficiente, sino que nos estresa porque simplemente queremos más dinero.

No nos estresa el dinero porque no tengamos
suficiente, sino que nos estresa porque simplemente
queremos más dinero.

Queremos que el dinero aporte cosas que es incapaz de aportar (por ejemplo, felicidad y seguridad). Pensamos: «Si ganara X o hubiera ahorrado Y, me sentiría seguro y feliz». Pero luego alcanzamos esa cifra y no nos sentimos ni seguros ni felices. En vez de pensar que «quizás estaba buscando la felicidad en el lugar equivocado», solo cambiamos la cifra. «De hecho, si tuviera Z, me sentiría feliz y seguro». Pero nunca sucede... porque el dinero nunca aporta una felicidad o seguridad duradera, a pesar de que nos estresamos sin parar pensando que debería hacerlo.

En la encuesta *Things that Matter Survey* preguntamos: «¿Qué probabilidad hay de que fueras más feliz en la vida si tuvieras más dinero?» ¿Creerías que el 79 por ciento de los participantes dijeron que serían más felices si tuvieran más dinero? Por supuesto que te lo crees. ¡Porque la mayoría de nosotros opinamos lo mismo!

¿Qué probabilidad hay de que fueras más feliz en la vida si tuvieras más dinero?

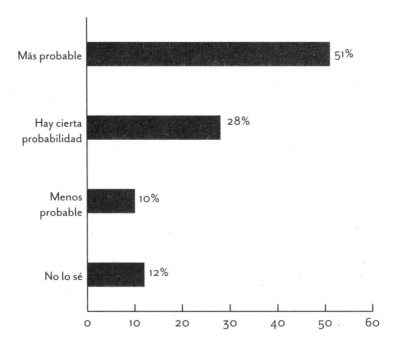

También hicimos una pregunta de seguimiento: «Con qué frecuencia tu deseo de tener más dinero influye en tus decisiones cotidianas?». Casi el 70 por ciento de los participantes dijo que su deseo de tener más dinero influye en sus decisiones cotidianas a veces, con frecuencia o siempre.

¿Tu deseo de tener más dinero influye en tus decisiones cotidianas?

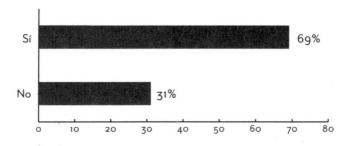

Sí   69%

No   31%

0   10   20   30   40   50   60   70   80

¿Cómo vamos a tener una vida generosa centrada en lo que verdaderamente importa si nuestras decisiones cotidianas están tan centradas en acumular más dinero porque creemos que eso nos hará más felices? Es imposible.

Cuanto antes lo entendamos, mejor.

El abogado transformado

Hace varios años, Jay Harrington era un abogado ambicioso y muy trabajador del área metropolitana de Detroit. Además de ese empleo, él y su esposa, Heather, eran dueños de Harrington, una agencia de publicidad y diseño especializada en proveer soluciones creativas para empresas de servicios profesionales. En apariencia, Jay era muy exitoso en sus dos empleos y ganaba mucho dinero. Pero por dentro se sentía desolado.

«Los días pasaban lentamente, mientras que los años parecían volar —recordaba Jay—. Pasaba más tiempo viviendo a través de una pantalla que apreciando las maravillas del mundo real».[5] «¿Qué me sucede?», se preguntaba. Con el tiempo entendió que había perdido las ganas de vivir. Estaba *financiando* una vida, pero no estaba *viviéndola*.

Para él era importante la conexión con la naturaleza y con el ritmo de los días que van pasando. Otra cosa importante era tener tiempo suficiente para Heather y sus tres hijas. No sabía exactamente cómo lograría todo esto, pero sabía que necesitaba dar pasos en esa dirección. Esta es la historia de lo que pasó, en sus propias palabras:

«Respiré hondo y fui a trabajar.

Dejé el bufete de abogados que había creado...

Vendimos nuestra casa. Nos mudamos de un barrio periférico caro a un pueblecito al norte de Michigan con nuestras tres hijas. Retrocedimos algunos pasos para dejar espacio y tiempo para poder tomar decisiones con claridad sobre el camino que seguiríamos cuando estuviéramos listos para avanzar de nuevo...

Al igual que Thoreau, «fuimos al bosque» para vivir más presentes.

Cinco años después estoy más ocupado que nunca entre las responsabilidades del trabajo y la familia. Y también soy más feliz que nunca.

La gran diferencia es que estoy ocupado siguiendo mis propias normas, en un lugar que yo he elegido. Mi ambición no se ha reducido, pero no me consume. Estoy centrado en lo que me importa, no en todas las trampas del «éxito» que solo se interponen en el camino de una vida con sentido.»[6]

En la actualidad, Jay se autodenomina «abogado transformado». Aún tiene la agencia de diseño con su esposa. No ganan tanto dinero como antes, pero es suficiente. Ninguno de los dos se arrepiente de sus decisiones, porque ahora viven de un modo que deja más espacio para la familia, la diversión y el encanto de la naturaleza.

Limitar nuestro potencial

Las decisiones económicas nos obligan a ser introspectivos. En particular, tenemos que plantearnos si el dinero se ha convertido en un fin en sí mismo para nosotros, en vez de en un medio para lograr o hacer lo que consideramos importante. Quienes viven constantemente deseando tener más dinero caen en una trampa: una trampa que nos deja con promesas vacías, deseos insatisfechos y un potencial desperdiciado.

Tenemos que plantearnos si el dinero se ha convertido en un fin en sí mismo para nosotros, en vez de en un medio para lograr o hacer lo que consideramos importante.

Una de las razones es que nunca podremos satisfacer el deseo de tener más dinero. Es un amor imposible que siempre quiere más. Y lo que es peor: nos limita a nosotros como personas, a nuestras actitudes y a nuestras acciones. Cuando hay ansia de dinero, no existe la satisfacción, porque somos rehenes constantes de la búsqueda de la riqueza material.

La búsqueda del dinero empieza a consumir nuestro tiempo, nuestra energía y nuestra atención. Ya estemos pensando en cómo encontrarlo, ganarlo, aumentarlo o ahorrarlo, el deseo de tener más hace que redirijamos constantemente nuestra atención hacia él. Hay oportunidades en todas partes para aumentar la riqueza, en todo momento. Ya sea trabajando más horas, consiguiendo un cliente nuevo, empezando un trabajo en paralelo o invirtiendo, la búsqueda de dinero requiere de nuestro tiempo y energía.

Pero eso no es todo. La búsqueda de .dinero empieza a esquivar e incluso alterar nuestros valores. Cuando el deseo de dinero está presente en nuestra vida, casi nos volvemos diferentes y, en general, actuamos de maneras que, de otro modo, evitaríamos. El deseo alimenta la competitividad con otras personas. El amor por el dinero me exige que desee lo que tú ya posees. Para que yo tenga más, tú debes tener menos. El mundo se vuelve rápido en un juego de suma cero dominado por los celos y la envidia.

El deseo de dinero empieza a dominar nuestro tiempo, nuestra energía, nuestros valores y nuestros vínculos. Con demasiada frecuencia limita nuestro potencial de hacer el bien en el mundo, porque nunca podemos volvernos mejores que aquello que más deseamos. Cuando tener más dinero se vuelve nuestra meta principal en la vida, nunca podremos ser mejores que el saldo en nuestra cuenta bancaria. Y es una pena, porque tenemos muchas cosas mejores que ofrecer a este mundo.

Ahora bien, es importante recalcar que el dinero no es malo en sí mismo. El dinero es amoral o neutro: técnicamente, es solo un medio para facilitar el intercambio de bienes y servicios. Si nuestras intenciones no son las adecuadas, puede llevar a «todo tipo de males». Si tenemos un corazón generoso, podemos usar el dinero para llevar a cabo todo tipo de buenas acciones. Pero eso no es lo mismo que vivir constantemente buscando dinero.

También debería mencionar que el acto de ganar dinero no es malo. Todo el mundo debería recibir una compensación adecuada por el trabajo que desempeña, y algunas personas tienen un talento especial en lo suyo (les das un centavo y no pueden evitar duplicarlo). No estoy en contra de los salarios, los bonos o las ganancias. Por favor, no te confundas y creas que este capítulo va de no trabajar duro. (Hablaré de eso en particular en el capítulo 9). Trabajar duro no es lo mismo que desear la riqueza.

Aquí no se trata de cuánto dinero tenemos. La gran pregunta que tenemos que responder es esta: ¿Estamos desperdiciando demasiado nuestra única y valiosa vida en desear dinero y en querer siempre tener más? Porque en ese caso, será inevitable distraernos de aquello que nos importa a largo plazo. ¿Cuándo consideramos que tenemos suficiente?

Quizás no necesitamos más dinero

Intento recordar que todos somos únicos; cada uno tiene una historia única y está centrado en pasiones únicas. Nuestras nacionalidades son diferentes, al igual que nuestras raíces, géneros, estados civiles, religiones, culturas y puntos de vista. Pero cada vez estoy más convencido de que hay una característica que nos une a todos: creemos necesitar más dinero del que necesitamos en realidad.

Creemos necesitar más dinero del que necesitamos en realidad.

Por supuesto, hay mucha gente en el mundo que necesita más dinero para una supervivencia digna. Pero ese no es mi caso. Y es probable que tampoco sea tu caso. Lo más probable es que ya ganes lo suficiente para cubrir tus necesidades... y tal vez ganes más que suficiente. Al fin y al cabo, si estás leyendo este libro eres una persona con educación que tiene acceso a libros y dispones del tiempo libre y de la libertad para reflexionar sobre tus metas de vida. Tal vez vives en una de las naciones más desarrolladas del mundo. No estás luchando por cubrir las necesidades básicas de la pirámide de Maslow. Pero nuestra situación es menos frecuente de lo que creerías.

El Banco Mundial dijo que en 2017:

- El 9,2 por ciento de la población mundial vivía con menos de 1,90 dólares al día.
- El 24,1 por ciento del mundo vivía con menos de 3,20 dólares al día.
- El 43,6 por ciento vivía con menos de 5,50 dólares al día.[7]

Solo párate a pensar cómo vivirías tú con 5,50 dólares al día. ¿Te lo puedes siquiera imaginar? Hoy, en Estados Unidos hay un debate sobre que el salario mínimo por hora debería ser de 15 dólares: ¡tres veces la cantidad de dinero que el 44 por ciento de la población mundial gana en un día entero! Para ir aún más lejos y poner en perspectiva tu situación económica, si tu familia de cuatro miembros gana 50.000 dólares al año, estás entre el 10,6 por ciento de las personas del mundo que más ganan.[8]

Es increíble cómo la pobreza aún prevalece en nuestro mundo, y tenemos que hacer algo al respecto. De hecho, espero que más de nosotros aceptemos el desafío de hacerle frente y erradicarla.

Pero hablemos sobre algo que en general no se menciona. Hay consecuencias y tentaciones que acompañan a la pobreza, y todos podemos suponer cuáles son. Sin embargo, la riqueza tiene sus propias consecuencias y tentaciones.

Las personas con dinero suelen estar más aisladas y solas que otras, como comenté en el capítulo anterior. Pueden priorizar el individualismo y la autosuficiencia a costa de la integración en la comunidad, y pueden tener una falta de empatía, la sensación de que tienen derecho a ciertos privilegios, y arrogancia.[9] ¿Sabías que, cuanto más caro es el vehículo que conduce alguien, más probable es que cometa infracciones de tráfico como no detenerse a ceder el paso a un peatón en un paso de peatones?[10]

Es verdad que tener más dinero no es el secreto para ser más feliz. No resuelve todos tus problemas. En muchos casos, causa nuevos problemas. Como decía Benjamin Franklin: «El dinero nunca hizo feliz a un hombre, y no lo hará. Cuanto más tiene un hombre, más quiere. El dinero, en vez de llenar un vacío, crea uno».[11] Quizás el mayor peligro de la riqueza es que nadie la valora cuando la alcanza... Esa persona sigue queriendo más. Por esa razón, la gente que forma parte de ese 10 por ciento del mundo con más dinero quizás aún piensa que no tiene suficiente.

Una vez entrevisté a un hombre llamado Daniel Suelo, que había decidido vivir sin dinero, completamente sin dinero. Yo estaba sentado en un aeropuerto en Charlotte cuando leí su historia por primera vez y de inmediato lo contacté por correo electrónico para ver si podíamos hablar. Necesitaba saber más. Él aceptó sin problema.

Ya hace años que Daniel ha vivido en distintas ubicaciones al aire libre, incluso en una cueva en Utah. Pesca y recolecta bayas y otros comestibles para subsistir. Recorre los pueblos cercanos y busca comida en los contenedores de basura.

¿Por qué hace esto? En parte porque quiere demostrar que es posible vivir al margen de la economía. En parte porque quiere tener el mínimo impacto ecológico posible. Sin importar los motivos, Daniel demuestra que uno puede tener una vida significativa con cero dólares. Lo más profundo que le oí decir fue: «El dinero solo existe si dos o más personas creen que existe».

Creo que tenemos la mentalidad de que el dinero es un recurso valioso y puede darnos toda clase de bondades en nuestra vida. Tanto es así que planeamos literalmente nuestros días en función de cómo obtener más dinero. Pero, cuando lo analizamos, se trata tan solo de trozos de papel y piezas metálicas circulares (o números en una computadora). Tiene valor solo porque creemos que lo tiene... o porque el gobierno dice que lo tiene.

Sí, el dinero acelera el comercio. Pero ¿existe la posibilidad de que hayamos exaltado demasiado su valor? Estoy seguro de que sí. Y es en nuestro propio detrimento.

Daniel Suelo es un ejemplo extremo, y creo que ni tú ni yo querríamos vivir en una cueva. Pero su historia demuestra que incluso en las naciones modernas desarrolladas es posible vivir con menos dinero o incluso sin él. Y cuando empezamos a darnos cuenta de eso, empieza a surgir en nuestra vida una nueva oportunidad de ser libres.

Hace unos años, *USA Today* publicó un artículo titulado «Price Tag for the American Dream: $130K a Year» («El precio del sueño americano: 130.000 dólares al año»). Para llegar a este precio, el autor sumó todos los gastos que tenía una familia de cuatro miembros para tener una vida saludable y que te realizara. Entre sus gastos figuraban: 17.000 dólares al año de hipoteca, más de 12.500 dólares al año en comestibles, 11.000 dólares al año en un vehículo, y más dólares para vacaciones, seguros, educación y ahorros para la jubilación. Basándose en sus cálculos, el autor afirmó: «Está claro que [...] cada vez menos de nosotros podemos permitirnos vivir el sueño americano».[12]

Leí el artículo cuando se publicó y supe de inmediato que eran tonterías. A pesar de tener una familia de cuatro miembros que había vivido bastante feliz y acomodada en cuatro estados diferentes, nunca había ganado ni la mitad de esa cantidad al año. Sabía por experiencia propia que el sueño americano no costaba 130.000 dólares al año.

Pero temía la respuesta de otra gente que leyera el artículo. Cuando el mundo a nuestro alrededor nos grita de un modo constante que necesitamos más dinero para tener una buena vida, caemos rápido en la tentación de pensar que no tenemos suficiente, en vez de darnos cuenta de que la mayoría de nosotros ya somos ricos.

He vivido con un espíritu minimalista durante los últimos doce años y he notado que uno de los mayores beneficios que le ha dado a mi vida es que necesitamos mucho menos de lo que creemos que necesitamos. Muchos de los minimalistas que he conocido han demostrado que pueden tener una buena vida con mucho menos de lo que pensaban que necesitaban en un principio. La mayoría de la gente no tiene un problema con lo que gana, sino con lo que gasta.

En realidad, no «necesitamos» más dinero. Solo «queremos» tenerlo. Nos gustaría tener más efectivo en el bolsillo. Queremos salarios más altos. Queremos un saldo mayor en la cuenta corriente del banco, en la cuenta de ahorro o en el plan de pensiones. Y muchos de nosotros hemos asociado la felicidad con la búsqueda del dinero.

Aunque hayamos cubierto nuestras necesidades básicas, nuestro deseo de dinero persiste. Con demasiada frecuencia, este deseo empieza a arraigarse y a percibirse como una *necesidad* en nuestro interior. Antes de que nos demos cuenta, olvidamos que estamos hablando de un *deseo* y empezamos a confundirlo con una *necesidad*. Y empieza a surgir el estrés económico de no tener nunca suficiente. Pero, en realidad, lo que *necesitamos* y lo que *queremos* rara vez coinciden.

Si pasáramos menos tiempo tratando de conseguir más dinero, tendríamos más tiempo, más energía y más margen para otras cosas.

Si pasáramos menos tiempo tratando de conseguir más dinero, tendríamos más tiempo, más energía y más margen para otras cosas. Si necesitáramos menos dinero para nosotros mismos, tendríamos más dinero para invertir en las metas que son más significativas para nosotros.

¿Ahorrar para qué?

Greg McBride, analista financiero jefe de Bankrate.com, dijo una vez: «Nada te hace dormir mejor por la noche que saber que tienes dinero reservado para cubrir gastos inesperados».[13] Y estoy de acuerdo hasta cierto punto. Es sabio ahorrar dinero para casos de necesidad inesperados en el futuro.

Pero ¿puede ser que ahorremos demasiado?

Hay algo de lo que estoy seguro: ese nunca será el tema de un artículo de cualquiera de las revistas de economía más conocidas. Y no recuerdo haber visto jamás en la televisión un anuncio de una asesoría financiera advirtiendo de que quizás estamos guardando demasiado dinero. Es una cuestión contracultural. Pero ¿es posible llevar una vida con mayor sentido e impacto cuando luchamos contra ella?

Plantéate este punto de vista. Cuando ahorramos, reservamos dinero para posibles futuras necesidades. Pero estos ahorros siempre tienen un coste de oportunidad. Por naturaleza, ahorrar para «posibles» necesidades «personales» en el «futuro» se hace a costa de satisfacer la necesidad «actual» y «real» de «alguien».

Allí adonde miremos, vemos necesidades. Aproximadamente 820 millones de personas no tienen suficiente para comer, 768 millones viven sin acceso a una fuente de agua potable y 2.500 millones de personas en nuestro mundo actual viven sin sistemas de saneamiento adecuados.[14] Hay hombres y mujeres en tu ciudad que viven en cajas de cartón o bajo un puente. Hay huérfanos que necesitan hogares. Madres solteras que necesitan ayuda económica. Mujeres maltratadas que necesitan un nuevo comienzo. Los desfavorecidos necesitan igualdad de condiciones. El vecino de tu calle necesita ayuda para pagar sus facturas médicas. Hay cientos de personas viviendo hoy con necesidades emocionales, espirituales y físicas graves y dolorosas.

Y nuestro dinero puede ayudar a resolver estos problemas hoy mismo. Nuestros dólares pueden resolver problemas de salud, injusticia e inequidad.

Pero en vez de ayudar a alimentar a la familia sin hogar de nuestra calle, escogemos reservar parte de nuestro dinero por si acaso alguna vez nos encontramos en la misma situación. En vez de financiar la educación básica en el corazón de nuestras ciudades, reservamos miles de dólares para que nuestros hijos vayan a universidades de elite. En vez de donar dinero hoy para comprar sopa para los hambrientos, esperamos ahorrar lo suficiente para servir la mejor carne en la boda de nuestra hija. En vez de ayudar a crear hogares accesibles para quienes viven en la calle, el estadounidense medio espera ahorrar 1,7 millones para su propia jubilación.[15] ¿De verdad te parece el mejor uso del dinero?

¿O estamos tan preocupados por nuestra propia comodidad y seguridad que ni siquiera podemos reconocer la oportunidad de hacer algo más importante con nuestra vida? ¿Acaso no es otro ejemplo de cómo querer más dinero se interpone en lo que de verdad importa?

Es probable que hayas oído hablar de la terrible tasa de ahorro en Estados Unidos y en otros países. Y es verdad: muy poca gente ahorra. Casi el 75 por ciento de todos los empleados en Estados Unidos viven sueldo a sueldo, mientras que casi tres de cada diez adultos no tienen ahorros para emergencias.[16] Y si es tu caso, sería buena idea analizar en qué te gastas el dinero y reducir tus gastos en la medida de lo posible, porque es prudente ahorrar para el futuro. Y quizás ese es el mensaje que necesitas llevarte de este capítulo.

Pero para aquellos de nosotros que gastamos de más en nosotros mismos o ahorramos de más para posibles necesidades que pueden surgir o no, optemos por pecar de generosos. Al final, estarás más orgulloso del dinero que diste a los demás que del dinero que guardaste.

Estarás más orgulloso del dinero que diste a los demás que del dinero que guardaste.

Puedes empezar a evitar arrepentirte hoy si…

Empiezas a dar un poco más.

Prueba esto

Si el dinero te estresa (algo que parece sucedernos al 70 por ciento de la gente), la forma más rápida de reducir ese estrés y cambiar tu perspectiva es donar parte de ese dinero; eso es literalmente lo opuesto a lo que has intentado hacer en el pasado. Lo cual es bueno porque, sin duda, lo que sea que hayamos estado haciendo para intentar reducir el estrés financiero no está funcionando.

Prueba este experimento: dona cinco dólares esta semana. Puedes dejarlos en la ofrenda de la iglesia, en una caja de donaciones en un supermercado o donarlo a una fundación a través de su sitio web. Al final de la semana, fíjate si aún tienes comida, un techo y ropa. Lo tendrás. Tus necesidades aún estarán cubiertas. Hazlo de nuevo a la semana siguiente. Después de un par de semanas de ver tus necesidades cubiertas, intenta donar diez dólares por semana. Una vez más, descubrirás que hay comida en tu mesa y un techo sobre tu cabeza. El objetivo no es donar un par de dólares por semana, sino darte cuenta de que tus necesidades están cubiertas y de que tenías dinero de más.

(Sé que tal vez ya estás donando dinero a una organización benéfica. De ser así, agrega cinco, o diez, o incluso cincuenta dólares a la donación de la próxima semana. Y fíjate si aun así cubres tus necesidades. Lo harás).

En ese momento descubrirás el mayor beneficio de la generosidad. Cambia nuestra percepción de lo que es suficiente. Nos demuestra cuánto tenemos para dar y cuánto bien podemos hacer. Nos ayuda a ver las necesidades de aquellos junto a los que vivimos y empieza a aliviarlas.

Esa es una lección que mi madre aprendió a su vez de su madre. Mi abuela era conocida por su gran generosidad, así que no era raro que alguien llamara a la puerta de la casa de los Salem pidiendo dinero. Mi madre me contó más de una vez que, de niña, veía a desconocidos acercarse a la puerta y contarle a la abuela sus dificultades económicas. Mi abuela, casi siempre, les daba dinero.

Desde su cuarto en el piso superior, mi madre miraba por la ventana y observaba la transacción. Dado que era una niña, no entendía lo que sucedía. ¿Por qué su mamá le daba dinero a un extraño, en especial cuando ellos mismos eran pobres? Pero al crecer, comenzó a entender. «Mis padres eran personas generosas que querían ayudar cuando veían una necesidad. ¿Y sabes qué? Nunca tuvimos mucho, pero siempre tuvimos suficiente. Y, en retrospectiva, esos recuerdos en los que mi madre ayudaba a quienes lo necesitaban hoy me dan mucha más alegría que cualquier cosa que pudiéramos haber comprado».

A veces, la generosidad beneficia a quien da tanto como a quien recibe.

El presente frente al futuro

Cuando recibí el adelanto de mi primer libro, nuestros gastos regulares ya estaban cubiertos por mi otro trabajo. Así que, en cierto modo, el dinero era un extra. Como minimalistas, mi esposa y yo no pensábamos ir a comprar objetos con él. Pero entonces, ¿qué haríamos con el dinero? Pensamos en un plan.

En ese momento tuve una conversación con mi hermana, Jana, sobre el adelanto. Estábamos en el patio de mi casa, disfrutando de una hermosa noche otoñal en Phoenix.

—¿Qué haréis con el dinero? —preguntó.

—Lo usaremos para crear una organización sin ánimo de lucro que cambie el modo en que el mundo se ocupa de los huérfanos en países en vías de desarrollo, centrándonos en soluciones basadas en la familia.

Después de un silencio breve, Jana respondió:

—Ah. Pensé que el dinero iría al fondo universitario para tus hijos o algo así.

Recordando nuestra historia personal compartida, le recordé:

—Pero si nuestros padres no ahorraron dinero para que nosotros fuéramos a la universidad. Y los dos fuimos, al igual que nuestro hermano. Y todo nos ha salido bien a los tres.

—Sí —dijo—. Pero ahora las cosas son diferentes. La universidad es mucho más costosa que cuando nosotros estudiábamos.

Tenía un buen argumento: el coste de la matrícula de las universidades ha aumentado drásticamente en las últimas dos o tres décadas. Por un instante, pensé que quizás «deberíamos» ahorrar ese dinero para financiar la educación de nuestros dos hijos. Pero no, ya había tomado mi decisión basándome en una importante verdad relativa a la seguridad duradera.

Mi respuesta fue algo así:

—Jana, ¿de veras crees que, si uso el dinero para ayudar a los huérfanos a encontrar familias, no habrá más dinero disponible para que mis hijos vayan a la universidad cuando llegue el momento? Me niego a creer que así funciona el mundo. En mi experiencia, he visto que la generosidad regresa una y otra vez a quien la da.

—Bueno, cuando lo expones así, suena lógico —respondió.

Es prudente que planifiquemos para el futuro y mantengamos a nuestra familia. Pero, al hacerlo, debemos poner en una balanza el deseo de mejorar nuestra economía frente a aquello que nos importa y las necesidades reales y actuales de los demás. Quizás es más importante ser generoso ahora mismo y confiar en que cubriremos nuestras necesidades básicas cuando llegue el momento. Como una bonificación por nuestra generosidad, descubriremos que dar nos recompensa con alegría.

La calidez de dar

Párate a pensar en un momento en el que donar dinero te hizo sentir bien. No fue una experiencia única y, ni por asomo, eres el único al que le sucede.

Una gran cantidad de investigaciones internacionales sugieren que las inversiones prosociales (usar tus recursos económicos para ayudar a los demás) comportan beneficios emocionales para todas aquellas personas que dan; se considera como algo «psicológico universal». Por ejemplo, en un estudio, «los participantes en Canadá y Sudáfrica a quienes les asignaron al azar comprar objetos para donar mostraron un mayor nivel de afecto positivo que los participantes a quienes les encargaron comprar los mismos objetos para sí mismos». Los descubrimientos indican que, una vez superamos cualquier resistencia que tengamos a ser generosos, podemos contar con «la recompensa que experimentamos al ayudar a los demás», sin importar nuestro contexto cultural o económico.[17]

Otro estudio realizado por algunos de estos mismos autores concluyó que «tanto los estudios correlativos como los experimentales han demostrado que las personas que gastan dinero en los demás son más felices. Los beneficios de las "inversiones prosociales" se observan en adultos de todo el mundo, y la amabilidad asociada al hecho de dar se ha detectado incluso en niños pequeños».[18]

Lo que vale un cachorro gratis

Mi amigo Kevin tiene tres hijas; la menor se llama Sophia. Ella siempre ha sido la ahorradora de la familia, siempre ha guardado cada paga o cada regalo en efectivo que recibe. A sus nueve años, tenía doscientos dólares en su hucha.

Durante mucho tiempo, Sophia había querido tener un cachorro. Y cuando vio un anuncio escrito a mano en una cafetería de su zona en el que ponía que un granjero regalaba cachorros, aprovechó la oportunidad y convenció rápido a su padre para que la llevara a aquella granja al día siguiente.

Al llegar, no tardó mucho en percatarse de lo pequeña que era la granja y del estilo de vida humilde y arduo del granjero y su esposa. Trabajaban mucho con sus manos cada día, pero apenas lograban mantener a flote su pequeña granja familiar.

Después de visitar al granjero y jugar con los cachorros, Kevin y Sophia prometieron tomar una decisión antes de acabar el día. Mi amigo Kevin ya se había resignado a la idea de que iban a tener un cachorro, pero primero tenían que enseñarle a Sophia una lección de vida importante.

—Quería enseñarle a mi hija lo que es la responsabilidad, el trabajo arduo y la disciplina —me dijo Kevin—. Así que esa noche le pregunté si estaba dispuesta a pagar por el perro con su propio dinero.

»—Pero si los regalan —respondió ella.

»—Sí, lo sé —dijo Kevin—. Pero piensa en todo el amor y el cuidado que el granjero y su esposa han invertido en la vida de nuestro cachorro.

Y es evidente que no tienen muchos recursos. ¿No crees que sería bonito darles algo a cambio incluso aunque los cachorros sean gratis?

Era cierto que Kevin pensaba que sería un bonito gesto ayudar a la pareja de granjeros. Pero también pensaba que si Sophia gastaba parte de su dinero en el cachorro, eso la ayudaría a tomarse con más seriedad su responsabilidad con el perro.

—Quiero que subas a tu cuarto y pienses cuánto dinero quieres regalarle al granjero. Luego ven a decírmelo. Es una decisión completamente tuya.

Con seriedad, Sophia subió a su habitación.

Unos cinco minutos después, bajó con alegría la escalera.

—Quisiera darle cien dólares por el cachorro —anunció Sophia con una sonrisa.

A Kevin le sorprendió la generosidad de la oferta; casi se le cae su bebida al oírla. Había pensado que veinticinco dólares sería un buen gesto. Nunca se imaginó que su hija más ahorradora fuera a renunciar a la mitad de sus ahorros por el cachorro.

Sin saber bien cómo responder, Kevin pensó que quizás, si ella lo pensaba un rato más, cambiaría de opinión y reduciría la oferta. Después de todo, habían ofrecido los cachorros gratis.

Así que Kevin respondió:

—Guau, es una cifra elevada. Quizás deberías pensar bien si de verdad quieres dar tanto dinero. ¿Por qué no sabes a tu cuarto y piensas con detenimiento en esta decisión? Esta vez, dedícale más que cinco minutos. Y lo que sea que decidas será nuestra decisión final.

Ella subió la escalera.

Quince minutos después, Kevin estaba empezando a preguntarse si Sophia se había distraído con otra cosa y había olvidado su tarea. Pero justo cuando él estaba preparándose para ir a buscarla, Sophia asomó la cabeza al acercarse a la escalera. La alegría había vuelto a su andar.

Kevin estaba ansioso por escuchar la nueva decisión. Cuanto más pensaba en su hija renunciando a la mitad de sus ahorros por un cachorro gratis, más ganas tenía de que ella redujera la cifra. De todos modos, este perro ya les costaría bastante dinero en el futuro.

—¿Y bien? ¿Cuál es tu decisión? —preguntó.

Creo que no olvidarás la respuesta. Yo sin duda no lo he hecho.

—Bueno —empezó ella—. Estaba pensando en lo que dijiste sobre cuánto trabajo ya han hecho al darle un bonito hogar al cachorro. Y luego empecé a mirar todo mi cuarto y a pensar en esta casa bonita en la que vivimos y en todas las cosas bonitas que tenemos y en que el granjero y su esposa tienen muy poco. Así que, papá, he decidido cambiar la cantidad de dinero que me gustaría darles a cambio del cachorro. En vez de cien dólares, quiero darles los doscientos dólares que hay en mi hucha.

La grandeza humilde

Las historias sobre la generosidad nos conmueven y nos inspiran. La gente famosa es la que quizás sale en los titulares, pero los ejemplos de sacrificios del mundo real (como Sophia vaciando su hucha) son los que nos motivan a hacer lo mismo.

Un artículo sobre una madre adoptiva de Mineápolis que dedica dos noches al mes a una organización sin ánimo de lucro donde busca un hogar de acogida para niños huérfanos no vende demasiados periódicos. Un mecánico en apuros de Nashville, padre de tres hijos, que dona quinientos dólares a una causa en la que cree no se vuelve tendencia en Twitter. Una familia de clase media que dona el 10 por ciento de sus ingresos a la iglesia cada semana no genera mucha interacción en redes. Una viuda que vive en un hogar humilde, pero que sigue haciendo donativos rara vez saldrá en las noticias. Pero se trata de personas reales que cambian vidas y marcan la diferencia. Y tú puedes ser una de ellas.

Una vez, cuando mis padres eran jóvenes y pobres, y luchaban por criar a tres hijos menores de dos años de edad, una persona anónima dejó un sobre con un billete de cincuenta dólares en su buzón. Ese dinero inesperado les permitió a mis padres comprar comida para la semana. Escuchamos esa historia de generosidad miles de veces a la hora de cenar durante nuestra infancia, y aún se repite hoy en reuniones familiares (y ahora en este libro). Un simple gesto de generosidad, hace muchos años, ha afectado ahora a miles de vidas. Al igual que el simple acto de un mentor que me pagó la cena esa tranquila noche en Vermont.

Así nos afecta la generosidad. Nos insta a convertirnos en mejores personas e inspira a los demás a hacer lo mismo. Pero cuando vivimos constantemente buscando la riqueza, la generosidad siempre nos evitará. No puedes ser generoso y buscar la riqueza a la vez.

Cuando más nos alejamos de la búsqueda vacía del dinero, más nos acercamos a otra forma de vivir centrada en los demás. Y cuanto más nos inclinamos a ayudar a los demás, más mejora nuestra vida y se llena de sentido durante mucho tiempo.

Obstáculos en el camino hacia el propósito

Superar la distracción de las posesiones

> La simpleza [...] otorga cordura a nuestra extravagancia
> compulsiva, y paz a nuestro espíritu nervioso [...] Nos
> permite ver las cosas materiales como lo que son:
> bienes para mejorar la vida, no para oprimirla. Una vez
> más, las personas importan más que las posesiones.
>
> RICHARD FOSTER, *Freedom of Simplicity*

En 2017 me invitaron a hablar sobre minimalismo en un congreso de gran envergadura para hombres en Varsovia (Polonia). Sabía que Polonia había recuperado su independencia apenas hacía tres décadas, pero recordé esa realidad en el banquete de inauguración cuando mi intérprete, un hombre de mi edad, habló sobre ver las filas de mendigos que pedían comida desde la ventana de su apartamento durante su adolescencia. Tomé más conciencia de lo diferentes que eran nuestras historias de vida.

La transición del comunismo impuesto por los soviéticos a un libre mercado fue difícil, y la economía polaca seguía siendo relativamente pequeña. La mayoría de los polacos no eran tan ricos como la gente en Occidente; es decir que, en comparación con otras naciones, Polonia no estaba tan plagada de un consumo visible. Sin embargo, los ingresos personales aumentaban, así que el materialismo podía convertirse fácilmente en un problema en esa nación.

¿Mi mensaje para los que asistieron ese día? Aprovecha todas las ventajas que te ofrecen tus libertades, así como las oportunidades de emprender. Pero, al hacerlo, no pierdas de vista aquello que más te importa. Y haz que tus libertades sigan centradas en búsquedas que sean importantes a largo plazo. En otras palabras, era el mensaje de este libro.

Después de mi presentación, cené con Darek Cupial, el organizador del evento (*pierogis*, por supuesto). Darek me dijo:

—Joshua, ¿puedo contarte más sobre por qué te invité aquí?

Desde el otro lado de la mesa, yo veía que él dudaba si compartir o no sus pensamientos conmigo.

—Por supuesto. Por favor, hazlo —le dije.

Comenzó a contarme una historia.

—Cuando era más joven, tuve un mentor importante. Era un superviviente de Auschwitz que vivió casi toda su vida en una Polonia invadida: primero por los alemanes y luego por el Partido Comunista de la Unión Soviética. Este hombre me hizo una observación que nunca he olvidado. Después de haber viajado a Europa Occidental, me apartó y me dijo: «Me he dado cuenta de que el materialismo mantiene cautiva a la gente de muchas maneras similares al comunismo. El comunismo con el que crecí buscaba destruir nuestra identidad personal por la fuerza. El materialismo hace lo mismo. Pero el materialismo destruye la identidad personal a través de la elección». Y por esa razón quería que vinieras, Joshua. Para inspirarnos, como individuos y como sociedad, a no usar nuestra nueva libertad para adquirir más limitaciones.

Desearía haber conocido al sabio superviviente de Auschwitz. Parecía haber sido capaz de ahondar más en la realidad que la mayoría de nosotros. En cualquier caso, tenía razón sobre la destrucción de nuestra alma a manos de nuestras propiedades y posesiones. Estamos tan sumidos en el materialismo y lo damos tanto por sentado que incluso podemos tener dificultad para ver el problema. Y aún peor, vivimos en una sociedad que celebra la búsqueda y la acumulación de posesiones materiales. Nos crían para creer en el mantra de «cuanto más, mejor». Sin embargo, una de las mayores distracciones que evitan que alcancemos nuestras metas es la acumulación de bienes materiales.

¿Quién puede perseguir con entusiasmo una meta desafiante si está constantemente comprando cosas y ocupado en ellas? ¿Quién puede invertir en cosas importantes cuando está demasiado ocupado ordenando su garaje? Nos estamos ahogando en nuestras pertenencias, y con demasiada frecuencia nuestros sueños se ahogan con nosotros.

Llevo una década y media hablando y escribiendo sobre minimalismo. Pasado todo este tiempo, he llegado a creer que este es el mayor beneficio del minimalismo: libera tu dinero, tu tiempo y tu energía para que vayas en busca de tus mayores pasiones. De hecho, diría que cambiar tu actitud hacia las posesiones materiales y controlar lo que tienes es un *paso necesario* para alcanzar tu potencial. Y es algo factible para todo el mundo.

Cada vez que alguien me dice que «nunca podría ser minimalista», pienso: «Pero si ya lo eres». Porque todos minimizamos algo. Si no estás minimizando tus posesiones, estás minimizando tu dinero, tu tiempo y tu potencial.

Si no estás minimizando tus posesiones, estás minimizando tu dinero, tu tiempo y tu potencial.

Así que echa un vistazo a tus cosas. De hecho, seguro que algunas son «trofeos» de tu éxito. Algunas quizás sean «juguetes» que pensaste que te harían más feliz. Pero si no son «herramientas» que te ayuden a alcanzar tus metas de vida, quizás ya llegó la hora de que empieces a librarte de muchas de esas cosas. Pensándolo bien, olvídate del «quizás».

Proyectos inmortales

En el capítulo 3 mencionaba al antropólogo Ernest Becker, que dijo: «Lo que el hombre más teme no es tanto la extinción, sino la extinción *sin trascendencia*». Becker también dijo que «para que algo que una vez estuvo vivo tenga sentido, sus efectos deben permanecer vivos de alguna manera para la eternidad». Al intentar vencer a la muerte, superar nuestra mortalidad y nuestro terror a morir, obtenemos lo que Becker llamaba «símbolos de inmortalidad».[1]

Estos símbolos pueden adoptar muchas formas, pero Becker escribió que la mayoría de las personas modernas en las sociedades capitalistas escogen la riqueza y las posesiones como sus proyectos inmortales. «El dinero otorga poder *ahora* y, a través de la acumulación de propiedades, tierras e intereses, otorga poder en el futuro». Él argumentaba que la búsqueda de la riqueza y las posesiones es tan común que «tiene sentido que la igualdad económica esté más allá de la durabilidad del hombre moderno democrático: la casa, el coche y la cuenta bancaria son sus símbolos de inmortalidad».[2]

Pocas personas desean un mundo con la desigualdad económica que existe hoy día, pero eso es lo que sucede cuando nuestros deseos no están bien direccionados. Cuando la búsqueda de pertenencias y propiedades adquiere protagonismo en nuestra vida, no solo desperdiciamos nuestro potencial, sino que también experimentamos consecuencias personales y sociales negativos. Algunas personas acumulan poco y desean tener más. Otras acumulan mucho y sienten orgullo... y a su vez están también, curiosamente, insatisfechas.

Queremos tener posesiones y propiedades por el deseo, a menudo inconsciente, de superar la mortalidad. Pero al final nos arrepentimos de ello. ¿Sabes por qué? ¡Porque hay mejores maneras de ser inmortales! Hay una herencia que podemos dejar e inculcar en otros que es mejor que las dimensiones de nuestro hogar o la marca de nuestra ropa. Nadie en tu funeral dirá: «Tenía un sofá muy caro» o «tenía muchos zapatos bonitos». Lo que es mucho más importante es que nuestros legados incluyan los ejemplos que vivimos, nuestra brújula moral, el carácter que desarrollamos y la reputación que construimos para nosotros y para nuestras familias.

Nuestros legados incluyen los ejemplos que vivimos,
nuestra brújula moral, el carácter que desarrollamos
y la reputación que construimos para nosotros y
para nuestras familias.

Si te paras a pensarlo, ya sabes que tus posesiones no son los mejores símbolos de inmortalidad que buscar. Quieres que te recuerden por ser alguien cariñoso, generoso y solícito. Quieres que tu vida haya valido para algo importante. Y, lo creas o no, la búsqueda y la acumulación de posesiones materiales suele ir en contra de ello, dado que, como es lógico, requieren de tu tiempo, tu dinero y tu atención.

Un ejemplo de alguien que empezó a ir en busca de sueños más grandes para su vida que las posesiones materiales es Elaine, que está haciendo algo creativo y generoso con su casa.

Un nuevo sueño para la casa soñada

A sus sesenta años, Eliane vivía en una hermosa casa a las afueras de Birmingham (Alabama). Compartía casa con su hija de veintinueve años, Rebecca, que tenía serias necesidades especiales. El esposo de Elaine se había marchado años atrás. Y sus otros hijos eran adultos y también se habían ido de casa.

Elaine recuerda así esa época: «Vivía en una casa hermosa. Mi esposo y yo la habíamos construido. Pero ahora solo era un museo del pasado. Estaba llena de posesiones de mis padres muertos, de posesiones de un matrimonio fallido y de las posesiones de tres hijos adultos que ya se habían mudado. Había armarios enteros que me aterraba abrir».

Rebecca necesitaba prácticamente cuidado constante y Elaine había quedado a cargo de ese cuidado. Sabía que debía simplificar su vida para poder cuidar mejor de las necesidades de Rebecca. Así que empezó a quitar posesiones que ya no eran útiles en su vida. «Solo quería poder encontrar rápido lo que fuera que necesitara en ese momento para cuidar de mi hija», dijo.

Pero sus sueños pronto crecieron y fueron más allá de una mera reorganización personal. «Al envejecer, empecé a preguntarme cómo podría continuar cuidando de Rebecca. Descartar posesiones me hizo empezar a ver que tener menos me permitía estar en mi punto óptimo. Empecé a ver un camino. También empecé a ver las necesidades especiales de otros niños, de jóvenes adultos y sus padres en mi comunidad. Mientras desechaba objetos, empecé a organizar eventos en mi casa: no solo para los niños con necesidades especiales, sino también para sus padres, que necesitaban con desesperación un respiro».

Trajo algunos animales para que vivieran en su terreno y creó espacios en su casa para el arte y la música que fueran atractivos para personas con necesidades especiales. Encontró voluntarios y empleados para trabajar en esas fiestas y eventos, e incluso ayudó a generar cambios en la manera en que la comunidad cuidaba de los adultos con necesidades especiales.

Hoy en día, está modificando su casa acorde a las necesidades de mujeres jóvenes con necesidades especiales. Con el tiempo, espera que se vuelva un hogar para cuatro jóvenes adultas (una de ellas Rebecca), con cuidadores y equipado con espacios creativos para el arte, la música, la naturaleza y los animales.

Elaine ha hecho otros planes para sí misma. «Tengo previsto construir una pequeña cabaña en la parte de atrás de la propiedad que en algún momento será mi hogar; así podré permanecer cerca de mi hija. Una casa grande llena de cosas ya no es lo que más sueño tener. Ahora quiero hacer algo más importante con mi vida».

Tres maneras en que nuestras posesiones nos distraen de lo que verdaderamente importa

Las posesiones, si bien son necesarias hasta cierto punto, a partir de ahí empiezan a convertirse en un impedimento y una distracción para llevar una vida significativa. Tener demasiadas posesiones hace que seamos más lentos a la hora de ir en busca de lo que nos importa. En los peores casos tal vez nos impida avanzar siquiera. Qué triste es pensar que esas prendas que compramos en oferta, o esos muebles que compramos en IKEA, o las cosas que compramos por impulso en Amazon durante la pandemia de la COVID-19 evitan que alcancemos nuestro máximo potencial.

Mientras lees sobre las tres formas en que las propiedades y las posesiones pueden ser una distracción, pregúntate cuál de ellas es el mayor problema para ti.

1. Limitan tu dinero

La oniomanía es el nombre técnico para la adicción a las compras o el trastorno de compra compulsiva. Se conoce desde hace tiempo, pero es más prevalente en los últimos años por las compras por internet. Al igual que otras adicciones, es un modo de lidiar con las emociones negativas y con una baja autoestima. Pocos de nosotros admitiríamos que tenemos una adicción a las compras, o al menos una que encaje en la definición clínica. Pero no puedo evitar preguntarme, mientras observo nuestros armarios demasiado llenos, los cajones rebosantes como para cerrarlos y los garajes tan usados para almacenar que ya no podemos aparcar en ellos, si todos somos más compradores compulsivos de lo que creemos.

Jessica Pishko era feliz viviendo en Nueva York y trabajando en un bufete de abogados. Pero su vida comenzó a ir cuesta abajo cuando comenzó a llenar su pequeño apartamento de cosas que había comprado en tiendas de Manhattan. Una vez llenados sus armarios, guardó la ropa nueva (con la etiqueta aún puesta) debajo de la cama.

En su biografía, *In the Red*, escribió sobre la vez que compró un abrigo de piel de 2.200 dólares que no podía pagar. En su libro habla de las tristes compulsiones de un adicto a las compras:

«La vendedora le quitó el abrigo al maniquí y me lo puso. Sentí una especie de abrazo cálido: la piel era muy suave. El color era

hermoso y un poco peligroso. Cuando me miré al espejo, me sentí digna y valorada...
Me quité el abrigo y lo acaricié como si fuera un amante.»[3]

Pishko acordó un plan de pago en cuotas al final del cual le darían el abrigo. «Iba llevando continuamente mis doscientos dólares a la tienda. Fue mi compromiso más constante —recuerda—. En esa época empecé a pagar con una semana de retraso mi alquiler, a veces más. Les pagaba a mis padres la mayoría de las semanas. Pero siempre le daba a la vendedora mis doscientos dólares». Al final pagó la última cuota. «Cuando volví a mi apartamento, abrí la bolsa y enterré mi rostro en esa suave piel».[4]

Qué triste que la piel de un animal muerto, más cara de lo que realmente podía pagar, era lo que Pishko más valoraba en esa época. Afortunadamente, comenzó a ver cuánto se habían distorsionado sus prioridades. Sin embargo, le costaría dos trabajos perdidos, una deuda de 30.000 dólares y estar en bancarrota hasta que pudo enfrentarse sus demonios. Al final aprendió que «el agitado camino hacia la recuperación es más fácil de recorrer sin todas esas bolsas de compras».

La mayoría de nosotros puede ver la historia de Jessica Pishko y pensar: «Vaya, sí que tenía problemas esa chica». Pero ¿cuántos de nosotros hacemos lo mismo, sin llegar a ese extremo? Nos apegamos emocionalmente a los objetos. Compramos cosas que no necesitamos. Compramos incluso aunque aumente nuestras deudas.

O leemos su historia y nos preguntamos: «¿Quién en su sano juicio se compraría un abrigo de piel en vez de pagar el alquiler?». Permíteme parafrasear: «¿Quién en su sano juicio compraría algo que no necesita cuando podría usar su dinero para algo más importante?». De pronto, la historia de Jessica se parece un poco más a la nuestra.

¿Estamos más centrados en ayudar a los demás o estamos más centrados en consumir a nivel individual?

Es interesante notar que, en Estados Unidos, las donaciones como porcentaje del PBI han permanecido constantes en aproximadamente el 2 por ciento durante décadas.[5] Mientras tanto, el PBI de Estados Unidos ha crecido de 543.000 millones de dólares en 1960 a más de 21 billones de dólares en 2019.[6] Somos más ricos, pero no más generosos. ¿Adónde va todo ese dinero extra? Lo gastamos en nosotros mismos. De hecho, el estadounidense medio gasta ahora 18.000 dólares al año en cosas no esenciales.[7]

En cuanto a mí, quiero destinar mi dinero a causas que me importan, con todo el compromiso y la motivación que Jessica Pishko tuvo cuando pagó las cuotas de doscientos dólares del abrigo de piel que no necesitaba. Así es como consigues tener una vida de la que puedas sentirte orgulloso al final.

Sin embargo, gastar dinero no es más que una de las formas en que las posesiones pueden distraernos de lo que verdaderamente importa.

2. Consumen tu tiempo

John Ruskin, un crítico de arte del siglo xix, escribió: «Cada posesión nueva supone una nueva carga».[8] Dos siglos después, esa frase es más cierta que nunca. Cada cosa que posees requiere un poco de tu atención y de tu tiempo, ya sea investigando, comprando, limpiando, organizando, reparando, reemplazando, reciclando o trabajando solo para ganar el dinero necesario para comprar el objeto nuevo que puedas llevar a casa para limpiar, organizar y reemplazar.

> *Cada cosa que posees requiere un poco de tu atención y de tu tiempo.*

Según la encuesta sobre el uso del tiempo de los estadounidenses (*American Time Use Survey*), el estadounidense medio pasa casi dos horas al día haciendo tareas del hogar, ya sea mantenimiento, reparación, decoración, jardinería, coladas, limpieza de la casa y todo lo relacionado con la cocina. Los hombres pasan una hora y veinticinco minutos al día con las tareas domésticas, mientras que las mujeres pasan dos horas y quince minutos en esas mismas tareas.[9] No sé cuál es tu caso, pero me gustaría recuperar parte de ese tiempo para realizar tareas más interesantes.

Si crees que los aparatos que nos ahorran tiempo (robots aspiradores, ollas de cocción lenta y demás) nos salvarán y evitarán que pasemos tanto tiempo cuidando de nuestro hogar, no cuentes con ello. Las horas combinadas dedicadas a las tareas del hogar han permanecido casi constantes desde el año 1900.[10] Algunos de nuestros aparatos quizás nos ahorren tiempo, pero el aumento en nuestra cantidad de posesiones no compensa esa ganancia.

Echa un vistazo a tu propia casa. Todos esos objetos solían ser dinero y tiempo. Cuanto más posees, más carga suponen esas posesiones en tu vida. Y la mayoría de la gente no tiene ni idea de lo pesada que se ha vuelto la carga de sus posesiones hasta que empiezan a deshacerse de ellas.

Si quieres tener una vida con más sentido y centrada en lo que verdaderamente importa, ten menos posesiones. Pronto hablaremos más de ello. Porque hay una distracción aún más importante cuando vamos en busca de acumular posesiones materiales. Y la mayoría nunca la tiene en mente.

3. Redirigen nuestra atención

La tercera manera en la que nuestras propiedades y posesiones nos distraen de la meta de nuestra vida no es obvia o cuantificable como el tiempo y el dinero. Pero es igual de real. De hecho, quizás es el tipo de distracción más grave de todas, porque es muy sutil. Las cosas nos distraen dispersando nuestra atención.

Es fácil ver cajas en nuestro armario o en el sótano y ser conscientes de que tenemos que tirar cosas. Pero, cuando todo el mundo a tu alrededor busca tener cada vez más posesiones materiales, empieza a parecer normal o esperado, y nos cuesta más darnos cuenta de cómo esa búsqueda nos distrae de lo que verdaderamente importa. El mundo a nuestro alrededor siempre buscará apropiarse de nuestras pasiones. La avenida Madison de Nueva York llena cada superficie disponible con mensajes sobre cómo los productos nuevos mejorarán nuestras vidas. Reclaman nuestra atención, nuestro afecto y, más que nada, nuestra admiración. Y están ganando… más de lo que nos gustaría admitir.

Antes de que mi esposa y yo nos volviéramos minimalistas, era típico que una tarde de domingo yo me recostara en el sillón a ver anuncios de la tienda online Best Buy. Teníamos todo lo que necesitábamos y más. Y aun así, por alguna razón, necesitaba ver qué productos nuevos había, qué ofertas sacaban o qué podía comprar en ese momento con el dinero que tenía. Cuando lo digo ahora en voz alta, suena muy tonto. *Qué tontería desperdiciar mi valioso tiempo buscando qué comprar cuando mi casa ya estaba llena de cosas sin usar.* Pero en aquel entonces parecía tan normal, tan lógico. Todo el mundo compraba cosas, así que seguro que esa era la manera de vivir.

Descubrir el minimalismo me hizo verlo de otra manera. Si bien mi esposa y yo nunca nos hemos considerado minimalistas extremos, como los que viven con una mochila o se mudan a una casa diminuta, tenemos la misión de conservar solo lo que necesitamos para cumplir con nuestros mayores propósitos y vivir de acuerdo con nuestros valores. Y, en el camino, empezamos a reconocer las promesas vacías del consumismo y cómo la búsqueda constante de cada vez más cosas nos distrae de nuestro máximo potencial.

Hoy preferiría sin duda pasar una tarde de domingo jugando al tenis con mis hijos, paseando con amigos, pasando tiempo con los vecinos o incluso trabajando en un libro cuyo mensaje me sobrevivirá.

Es probable que hayas tenido una computadora que fallaba o funcionaba más lento porque tenía programas (quizás *malware*) que funcionaban en segundo plano. Era algo molesto que hacía que fueras ineficiente en tu trabajo. Del mismo modo, el materialismo (pensar qué comprar, fijarse en lo que tienen los demás, ver programas de televisión sobre casas y otro tipo de compras, soñar despierto con cómo sería vivir en esa comunidad privada por la que acabas de pasar con el coche) consume energía mental. Tal vez tu atención dispersa no obstaculice por completo tu búsqueda de objetivos valiosos, pero al igual que los programas informáticos en segundo plano, puede hacerte funcionar más lento. ¿Quién necesita eso? La vida es corta.

El minimalismo es invertir en claridad. A nivel mental, es la diferencia entre un farol y un rayo láser.

Las cosas que importan suelen ser desafiantes. Si vamos a intentar conseguirlas lo mejor que podamos, tendremos que darlo todo de nosotros. No permitamos que queden ahí en un segundo plano (o, peor aún, que las perdamos de vista) dejando que nuestra mente piense demasiado en cosas como muebles y ropa.

Por suerte, al margen de cómo nos distraigan nuestras posesiones (robándonos dinero, tiempo o atención), la respuesta es la misma: nos deshacemos de todo lo que no necesitamos y luego continuamos con nuestra vida pero con un mayor nivel de productividad. Minimizar conlleva un esfuerzo, pero al otro lado del esfuerzo está la recompensa duradera de tener más libertad para lograr lo que queremos.

Menos comprar, más vivir

Britt Bruce vive en Ontario (Canadá) con su pareja y un gato bizco llamado Bacall. Hace poco, Britt decidió pasar un año entero sin comprar nada más allá de pagar el alquiler y comprar comida y artículos de aseo personal.

En cierto modo, su decisión fue una respuesta a una tendencia insalubre a comprar que vio aparecer en su vida. Me dijo: «Si había algo que tuviera "buen" precio y fuera de mi talla, probablemente terminaría comprándolo, aunque no me encantara o no lo necesitara. Si estaba en oferta, ¿cómo podía resistirme? Si tuviera que describir mis hábitos de compras online con una palabra, sería "mecánicos". Y sabía que algo debía cambiar».

Pero, por otro lado, su prohibición autoimpuesta de comprar ese tipo de cosas fue solo una respuesta repentina a un gasto inesperado que le supuso la reparación de su coche. «Me prohibí comprar para ahorrar dinero. Acababa de gastar una pequeña fortuna en la reparación de mi coche, y prohibirme comprar cosas parecía el modo más fácil de encauzar de nuevo mis finanzas».

Una decisión a corto plazo, generada por una crisis económica, tuvo consecuencias que le cambiaron la vida.

Hablé por primera vez con Britt cuando ya llevaba seis meses llevando a cabo su experimento autoimpuesto y le pregunté cómo iba todo. Lo primero que me dijo fue que era más fácil de lo que había pensado en un principio. «No debería ser difícil o conflictivo para alguien pasar seis meses sin comprar nada nuevo. Tal vez suena radical porque nos han condicionado a creer que necesitamos cosas nuevas todo el tiempo, pero, en realidad, sabemos que no es cierto. Es solo una astuta estrategia de marketing para convencernos de que necesitamos tener muchas cosas».

Otra revelación que tuvo muy pronto Britt fue lo rápido que la prohibición de comprar despertó la gratitud en su vida. «Gracias a que eliminé la opción de comprar cosas para llenar un vacío en mi vida, empecé a notar todo lo bueno que ya tenía. Nunca sentí que no tuviera justo lo que necesitaba o que no pudiera arreglármelas con lo que tenía».

Al final del primer año, Britt iba aprendiendo aún más sobre sí misma. «Me di cuenta de lo mucho que el consumismo había guiado mi vida: el deseo de comprar algo porque era nuevo o llamativo, o porque mis amigos lo habían comprado, o a veces solo porque estaba en oferta. Me he vuelto mucho más consciente de mi comportamiento al comprar. Solo compro algo cuando lo necesito de verdad. Y mi proceso de compras actual es más deliberado, e incluso recapacito lo máximo posible antes de añadir un objeto al carrito de la compra».

Además de eso, como podrás imaginar, al tener ahora más dinero y tiempo disponible, Britt puede ocuparse de nuevas tareas creativas para las que antes no tenía tiempo. «Siempre me ha gustado encontrar algo que no haya alcanzado su máximo potencial y transformarlo, ya sea ropa, arte, objetos electrónicos o mi jardín. Me encanta ver cómo mejoran las cosas en este mundo y la prohibición de comprar volvió a despertar esa pasión en mí».

¿Te ves reflejado en la historia de Britt? Aunque no te prohíbas comprar cosas durante un año, te resultará fácil ver que el hecho de dejar de buscar posesiones materiales empieza a enseñarnos cosas sobre nosotros mismos y sobre las mejores oportunidades que tenemos de ofrecer nuestros talentos al mundo.

La fórmula para estar satisfecho con lo que tienes

Aprender a ir en busca de nuestras mayores metas en la vida requiere en gran medida expandir nuestra visión.

Tan solo imagina cómo sería tu vida si estuvieras satisfecho con lo que tienes. ¿Y si no estuvieras mirando Amazon sin parar, revisando las ofertas de Kohl, deseando una casa más grande o cambiando con frecuencia tu ropa u otras cosas? ¿Y si desviaras esa pasión o ansia hacia aquello que verdaderamente importa?

La clave para superar el ansia de tener posesiones, en especial en una cultura que normaliza esa búsqueda en tan gran medida, es la satisfacción. La satisfacción viene acompañada de una libertad inconfundible: la libertad de ser quien eres, de disfrutar de quien eres y de vivir como estabas destinado a vivir. La satisfacción también tiene beneficios para la salud. Por ejemplo, reduce tu estrés, mejora tu predisposición, relaja tu cuerpo y hace que disfrutes más de la vida.[11] Todo ello son cosas buenas y bendiciones maravillosas.

El exceso de posesiones que caracteriza demasiado a menudo nuestras vidas es como una densa jungla que reduce nuestra visión y ralentiza nuestros movimientos. Vivir la vida con satisfacción y con pocas posesiones es, en cambio, un jardín donde pueden crecer y florecer toda clase de actividades significativas.

Pero ¿cómo logramos la satisfacción? Tenemos que entender esto. Al fin y al cabo, no conozco ni a una sola persona que no la desee. Pero es muy esquiva.

Déjame que te dé un enfoque alternativo para descubrir esta increíble bendición. El modo más rápido de alcanzar la satisfacción es empezar a vivir con menos.

El modo más rápido de alcanzar la satisfacción
es empezar a vivir con menos.

Mucha gente cree que el enfoque opuesto es la fórmula correcta: cuando desee menos, será más fácil tener menos. Pero en mi opinión, y en la de cientos de otros a quienes he aconsejado en esta búsqueda, el punto de partida correcto es deshacerse del exceso de posesiones. Una vez que lo hagas, sabrás realmente lo poco que necesitas para tener una vida feliz y provechosa, y luego el deseo de comprar y poseer desaparecerá naturalmente.

Primero hay que tener menos para luego desear menos.

Inténtalo. Creo que descubrirás que es justo así como funciona la satisfacción, escaparás de las garras del consumismo y serás libre para acumular una colección de logros que valgan la pena en vez de una casa llena de bienes materiales.

La pregunta que deberías hacerte sobre tus pertenencias

Una célebre experta en minimalismo sugirió una pregunta para decidir si conservar o no una pertenencia personal: «¿Te hace sentir alegría?».

He visto que este enfoque ha inspirado grandes intentos de hacer una limpieza significativa, y agradezco a Marie Kondo por ello. Sin embargo, creo que la pregunta «¿Te hace sentir alegría?» quizás no sea tan mágica como suena y, de hecho, le quita al orden su mayor potencial. «Sentir alegría» tiene que ver con las emociones que nos generan las cosas. Parece aceptar que pondremos nuestra propia felicidad por encima de todo lo demás y que nuestras pertenencias nos ayudarán a hacerlo. Además, muchas de las cosas que compramos para nuestro hogar, en algún momento, «nos hicieron sentir alegría». Por esa razón las compramos y nos resulta difícil separarnos de ellas.

Así que permíteme sugerir una pregunta alternativa que hacernos cuando tenemos que decidir si conservar o deshacernos de algún objeto personal que tengamos. En vez de preguntar: «¿Te hace sentir alegría?», preguntemos: «¿Inspira algún propósito?».

¿El objeto que contemplas es, en cierto modo, una herramienta que contribuye a ir en busca de aquello que te importa? Por ejemplo, cuando ves tu armario repleto de ropa, ¿crees que tener todas esas prendas te ayuda a cumplir con tu propósito? ¿O ralentiza tus mañanas y te parece una carga cada vez que piensas en ello? ¿Una selección de prendas optimizada en un armario eficiente te facilitaría que salieras ahí fuera y tuvieras un día lleno de logros?

Si coleccionas libros, ¿cuántos de esos libros en tus estanterías volverás a leer? ¿Es posible que los conserves por razones decorativas o sentimentales en vez de prácticas? ¿Y si tener menos libros fuera un paso para crearte un despacho en casa que facilite tu trabajo en proyectos importantes?

¿Y qué hay de todas esas cajas en tu garaje? ¿Te ayudan a guardar tu coche para protegerlo de las condiciones climáticas? ¿O te recuerdan el desorden y las complicaciones de tu vida cada vez que vuelves a tu casa?

Tu hogar es uno de los lugares más importantes del mundo para ti, y cumple un propósito importante en tu vida. Tu hogar (ya sean 180 metros cuadrados en dos hectáreas de terreno, 75 metros cuadrados en un edificio o 15 metros cuadrados en una caravana) debería ser un entorno que te dé la posibilidad de descansar, relajarte y recargar energía. Pero también debería funcionar como un punto de partida desde el que lanzarte a ofrecer tus servicios al mundo que te rodea. ¿Las posesiones de tu hogar ayudan a servir a ese propósito? ¿O acaso tu hogar se ha convertido en un lugar tan lleno de objetos que vives como un mero gestor de objetos en vez de como un ser humano con objetivos, sueños, pasiones y propósitos?

A menos que tus metas de vida requieran que viajes por el mundo, viviendo de la tierra, entonces necesitarás tener «algunas» posesiones, como *algunos* muebles, *algunos* utensilios de cocina y *algunas* prendas. Para mantener la conexión con el pasado, necesitamos *algunos* recuerdos y fotografías. Y dado que somos criaturas que se inspiran y ennoblecen con la belleza, necesitamos *algunas* obras de arte y otras cosas bonitas cerca.

Estas son necesidades vitales, y para cumplir con tu propósito debes cubrir tus necesidades. Así que es importante ser consciente de que tener menos no equivale a no tener nada, sino que significa tener las cosas adecuadas... y en la cantidad adecuada.

Tener menos no equivale a no tener nada, sino que significa tener las cosas adecuadas... en la cantidad adecuada.

Es posible que incluso tengas que comprar cosas distintas o mejores conforme tu propósito cambia. Por ejemplo, cuando decidí ser escritor, necesitaba herramientas nuevas para lograrlo. Decidí comprar un ordenador de buena calidad, ya que era una herramienta esencial para mi nuevo propósito, así que no podía prescindir de él o escatimar en gastos. Pero *podía* permitírmelo, porque ahorré dinero al deshacerme de muchas otras cosas que eran una carga para mí.

Aun así, creo que casi todos los que vivimos en naciones occidentales y desarrolladas deberíamos centrarnos en deshacernos de objetos. Tenemos más de lo necesario y nos distrae de nuestro potencial. Así que donemos, reciclemos o tiremos a la basura. Dicen que el hogar medio estadounidense contiene trescientos mil objetos.[12] ¿Cuántos crees que hay en tu hogar?

Si necesitas más ayuda detallada sobre cómo tener menos, siempre puedes leer mi libro *La casa minimalista*. Pero, por ahora, la pregunta clave que debes tener en mente para deshacerte de objetos es: «¿Estas cosas me inspiran a cumplir mi propósito?».

Hay una gran diferencia entre ordenar tu casa y liberar tu vida. En vez de solo despertar una chispa de alegría en tu interior, enciende en llamas al mundo.

Cómo tener menos empieza a cambiarnos

Bonnie Balgeman es una especialista en terapia respiratoria de treinta y ocho años que vive en el centro de Montana. También es madre de dos hijos en edad escolar y ayuda a administrar el rancho familiar junto a su esposo. No hace falta mencionar que es una mamá ocupada. Pero le gusta decir que disfruta viviendo con dos niños en un rancho de Montana... aunque a veces sea un zafarrancho.

Hace dos años tal vez no hubiera dicho lo mismo. Pocos años antes, ella y su esposo se mudaron a la casa de los abuelos de Bonnie cuando fallecieron, para cuidar del rancho. «Nos mudamos a una casa pequeña, y todas sus pertenencias aún estaban ahí y nosotros agregamos las nuestras —recuerda Bonnie—. En esa época teníamos dos sueldos buenos y no teníamos hijos, y a mí me gustaba comprar. No hace falta decir que había montañas de cosas. Y cuando nacieron nuestros hijos, continuamos comprando cada vez más».

Eso fue hasta que una mañana, en la quietud del amanecer, Bonnie tuvo una epifanía de que algo debía cambiar en su hogar y en su vida. «Pasaba todo mi tiempo organizando el inventario de nuestro hogar. Apenas podía con las actividades diarias de sacar adelante una casa de cuatro, y mucho menos podía con todo lo demás en la casa. Era como si apiláramos cosas sobre cosas, solo para tener que apartar esas cosas para limpiar a su alrededor. No tenía tiempo de disfrutar de mi familia. Así que empecé a descartar objetos que no ayudaban a mi familia a cumplir sus objetivos».

Despejó las áreas de la casa donde vivían en aproximadamente un mes, aunque se apresura a añadir que aún hoy, dos años después, continúa seleccionando y deshaciéndose de pertenencias.

A medida que Bonnie comenzó a deshacerse de objetos, comprendió algo importante. «Empecé a prestar atención a todo aquello de lo que nos deshacíamos y al dinero que gastamos en ello. Mientras apilaba las cosas para donar, tenía el recuerdo vívido de cuando compré cada cosa. Me vi en la caja pagándolas. Y todas las veces racionalizaba la compra: "Esto mejorará mi hogar y la vida de mi familia". Y, sin embargo, aquí estoy, años después, y nunca siquiera las hemos usado. Los objetos se interponían entre el tiempo y la energía que yo quería invertir en mis hijos».

Rápido, casi sin previo aviso, ese proceso comenzó a cambiar su postura ante las compras en general. «No necesitaba más para disfrutar de la vida —dijo—. Necesitaba menos. Ya no lucho tanto con el consumismo como antes. Pero, cuando lo hago, pienso en todos los objetos que descarté, todo el dinero y el tiempo desperdiciado y la energía que gasté simplemente organizando el inventario. Y me pregunto: "¿De verdad esto es algo que quiero cuidar el resto de mi vida?"».

Le pregunté cómo deshacerse de sus pertenencias la había cambiado. Me dijo: «Vivo cada día centrada en lo que me importa. ¿Por qué iba a volver a ocuparme de cosas que no me importan?».

Así es como «tener» menos lleva a «querer» menos. Así es como el acto de deshacernos de nuestras pertenencias innecesarias nos saca del mundo de exceso de consumismo que nos rodea.[13] Y esta es una de las razones por las que me apasiona tanto el minimalismo y ayudar a los demás a experimentar sus beneficios. Cuando vemos las ventajas de tener menos, damos un pequeño paso para estar satisfechos con nuestras pertenencias.

Como decía el filósofo Alain de Botton, Jean-Jacques Rousseau creía que «hay dos maneras de hacer a un hombre más rico [...]: darle más dinero o refrenar sus deseos». En mi experiencia, el modo más rápido de refrenar nuestros deseos es experimentar y apreciar la alegría de vivir con menos.

Aquellos que, como Bonnie, eligieron vivir con menos posesiones experimentan un beneficio doble. Primero, tener menos cosas libera dinero, tiempo, energía y atención para dedicárselo a lo que más importa. Estas personas viven con menos estrés, menos distracciones y menos impacto ambiental, y se convierten en mejores ejemplos para sus hijos y su familia. Y segundo, quienes optan por tener menos se sienten muy pronto satisfechos con lo que tienen y eliminan de sus vidas la búsqueda de posesiones. Esa es mi historia, y también puede ser la tuya.

Una vez que experimentes estos beneficios en persona, será más fácil descifrar las mentiras y las promesas artificiales de un mundo materialista.

Tener menos lleva a sentir más satisfacción. Y una mayor satisfacción lleva a la libertad de ir en busca de lo que verdaderamente importa.

8

De moda

Superar la distracción del elogio

Creo que todos deberían volverse ricos y famosos
y hacer todo lo que siempre soñaron para que puedan
ver que no es la respuesta.

JIM CARREY

Becoming Minimalist me hizo pensar más que nunca sobre mis valores más profundos y mis mayores metas en la vida. Por ejemplo, al liberar nuestra economía familiar, el minimalismo me hizo pensar en lo que realmente quiero hacer con mi dinero. Me di cuenta de que no quería que el dinero ni las posesiones me distrajeran de aquello que me importaba. Y, de hecho, en mi propia vida, en mayor o menor medida, he tenido que enfrentarme a *todas* las demás distracciones que he mencionado en este libro.

Pero en este capítulo llegamos a lo que es, para mí, la peor distracción. Verás, con el transcurso de los años me importan cada vez menos el dinero y las posesiones... pero el atractivo del elogio de los demás por mis logros siempre me afecta.

Deja que te cuente sobre aquella vez en que me di cuenta de que el ansia por recibir atención era un gran obstáculo para mí que se interponía ante aquello que quería lograr. Esta historia me avergüenza, pero la cuento porque quizás podrás identificarte con ella de alguna manera. Ocurrió durante varias semanas a principios de 2014.

Esa época fue un gran momento para mí por muchos motivos. El 18 de enero publiqué mi libro *Clutterfree with Kids*, que se convirtió durante dos semanas en el libro número uno de crianza en Amazon (sin manipular el algoritmo). Pero eso no era todo. El mismo día en que publiqué mi libro, la página de Facebook de *Becoming Minimalist* llegó a cien mil suscriptores: un gran logro. El sitio web de *Becoming Minimalist* ya había llegado a un millón de visitas al mes y continuaba creciendo.

Habían pasado seis años desde que empezara mi blog y tres meses desde que cambiara de profesión para dedicarme a promover el minimalismo, y creía que lo había logrado. Me sentía en la cima del mundo.

Lo disfruté durante dos semanas.

La diversión terminó cuando estaba sentado en mi comedor trabajando con mi portátil. Empecé a notar algunos intercambios en las redes sociales. Joshua Fields Millburn y Ryan Nicodemus, autoproclamados como los Minimalistas, habían aparecido en un artículo en la página de inicio de Yahoo. Aproximadamente en el mismo momento en que publiqué *Clutterfree*, ellos habían publicado un libro llamado *Everything that Remains*, que también se había vendido bien. El personal de Yahoo News decidió mencionarlos en un artículo sobre minimalismo, y la gente de mi mundo de redes sociales los felicitaban y halagaban.

Conocía a los Minimalistas y me caían bien. Trabajábamos para conseguir el mismo objetivo: ayudar a la gente a tener una vida mejor teniendo menos cosas. Debería haberme alegrado por ellos. Pero no fue así.

La verdad es que estaba celoso. Pensé: «Yo debería ser quien recibe la atención».

La caída desde la cima del mundo es larga y perturbadora.

Para empezar, no fue solo lo de Joshua y Ryan. Más tarde esa misma semana, noté que la página de Facebook de otro autor crecía más rápido que la mía. Y luego la publicación de otro bloguero se hizo viral. Para empeorar las cosas, mi libro ya no encabezaba la lista de más vendidos. De hecho, había muchos libros de crianza que vendían más ejemplares que el mío. Empecé a arrepentirme de no haber titulado mi libro *Los 5 lenguajes del amor que esperar cuando estás esperando.*

En vez de celebrar uno de los mejores momentos de mi vida, me había vuelto mezquino y envidioso de las personas que me rodeaban. Desearía poder decir que solo fue una envidia superficial que desapareció a la mañana siguiente, pero la envidia estaba profundamente arraigada en mi corazón y no podía erradicarla, por mucho que lo intentara.

Por suerte, en cuestión de pocas semanas, estaba en una conferencia en San Diego escuchando a la popular autora Anne Lamott. Durante la parte de preguntas y respuestas, alguien se puso de pie entre la audiencia y dijo: «¿Qué hago con los comentarios negativos que recibo sobre mis libros?».

Lamott respondió (estoy parafraseando): «Si esperas encontrar tu valor y tu satisfacción en la opinión que otros tienen de ti, nunca los encontrarás».

Su respuesta llamó de inmediato mi atención. Pensé de nuevo en las últimas semanas y de pronto me di cuenta de que eso era precisamente lo que yo había hecho. Había basado mi valor y mi felicidad en los elogios que recibía de otros. Y, cuando empezaron a dirigirse hacia otra parte, también lo hizo mi opinión sobre la vida que intentaba vivir.

Encontrar nuestro valor en el reconocimiento y la aprobación de los demás siempre es una búsqueda sin sentido. Tiene un impacto negativo en las decisiones que tomamos y en la vida que elegimos tener. Además, los elogios nunca satisfacen por completo a nuestro corazón o a nuestra alma. Incluso aquellos que han alcanzado el pináculo de la fama y el prestigio en nuestra sociedad anhelan tener más de lo mismo. Como dicen, nunca tienes suficiente de lo que no necesitas para hacerte feliz.

Nuestro objetivo no es asegurarnos la aprobación de los demás. Eso es algo vacío y fugaz. Nuestro objetivo es vivir la única vida que nos han dado en su mayor potencial: sin importar si alguien nos halaga por ello o no.

El dulce aroma de los halagos

Los halagos son engañosos. Pueden ser motivadores y usarse en beneficio propio, pero también pueden hacer que te distraigas. Para continuar recibiendo aplausos, quizás tomes decisiones que te alejen de un camino mejor. Los halagos pueden volverse con facilidad una de las razones por las que tal vez lleguemos al final de nuestra vida y nos arrepintamos de nunca haber logrado cosas que nos importen mucho.

Ahora bien, no todo el mundo se expone a la distracción del halago de la misma manera. Algunos de nosotros tenemos roles en la sociedad en los que, lógicamente, recibimos más atención que otros. Algunos tenemos un temperamento que nos hace más vulnerables a que los halagos se nos suban a la cabeza (aquí tengo que levantar la mano). Algunos tenemos unos objetivos vitales que pueden beneficiarse de un gran reconocimiento público, mientras que otros no. Pero todos nosotros debemos ser cautelosos. El sonido del aplauso es dulce y adictivo: queremos más, más, más.

Mi abuelo solía decir: «Los halagos son como el perfume. Huélelo, pero no te lo tragues». Quizás recibas (o *desees* recibir) muchos halagos por lo que estás haciendo para ir en busca de tus metas de vida. Si es así, ten cuidado. Es muy fácil que el aplauso reemplace a tus metas y pase a ser una de ellas.

O tal vez sea tan solo la búsqueda general de halagos lo que te está causando problemas. Una de las razones por las que la gente no logra ir en busca de cosas o personas que le importan es que pasa demasiado tiempo intentando impresionar al jefe, o protestando sobre el poco caso que les hacen, o grabando videos de baile en TikTok con la esperanza de que se hagan virales.

Si das importancia a perseguir y lograr tus metas vitales, y lo antepones a tareas de mucha menor envergadura, tienes que lidiar con la distracción del aplauso. Y la respuesta para demasiados halagos es… más halagos. Pero no en tu caso. Pronto explicaré a qué me refiero.

El objetivo es hacer que el aplauso sirva a tus propósitos, no que los sabotee.

El atractivo de la fama

Habrás oído la expresión «fama y fortuna». ¿Has pensado alguna vez que la fama viene primero en esa expresión? ¿Es posible que a los seres humanos, al menos a muchos de nosotros, nos impulse más el deseo de ser famosos o valorados que el deseo de ser ricos?

Una investigación social exploró los objetivos que tienen los *tweens*, los niños entre ocho y doce años. ¿El objetivo principal? Alcanzar la fama solo por el hecho de ser famoso.[1] Tal vez no sorprenda, dado que se trata de una generación criada en la era de las estrellas *amateurs* de YouTube, los cantantes pop con miles de millones de seguidores en Twitter, y los *influencers* que viajan por el mundo en primera clase porque lucen bien en sus selfis.

Pero no nos metamos con nuestros hijos. Muchos de nosotros, adultos, también tenemos el deseo de ser famosos. Según Orville Gilbert Brim, psicólogo social y autor de *Look at Me! The Fame Motive from Childhood to Death*, alrededor del 30 por ciento de los participantes de una encuesta en Beijing y Alemania (y más de la mitad en Estados Unidos) reconocieron que soñaban con ser famosos. En esos tres lugares, entre el 30 y 50 por ciento espera realmente alcanzar la fama en cierta medida, aunque solo sean los proverbiales quince minutos de gloria.[2]

Entre los adultos, el deseo de ser famoso suele verse atenuado por una mejor comprensión de que la fama tiene sus desventajas. Y la esperanza de alcanzar la fama, o al menos la expectativa de lograrla, tiende a reducirse a medida que envejecemos. Aun así, el atractivo de tener todas las miradas puestas en nosotros es una potente sensación para muchos.

¿Cuál es el atractivo detrás de la fama?

Una investigación realizada por la psicóloga Dara Greenwood y otros investigadores afirma que el primer motivo por el que las personas quieren ser famosas es «el deseo de ser visto/valorado (ej.: salir en la portada de una revista, que te reconozcan en público)».[3] Tal como explica el periodista científico Benedict Carey en un artículo sobre el tema: «Las personas con el deseo abrumador de ser reconocidas por desconocidos son diferentes a aquellas que codician la riqueza y la influencia. Este comportamiento que busca la fama está arraigado en un deseo de aceptación social, en un anhelo por alcanzar la validación existencial prometida por la fama».[4] Aparentemente, hay mucha necesidad emocional. (Pero, vamos, ¿quién soy yo para hablar?)

Espero que ya sepas esto, pero permíteme que te lo diga: no necesitas recibir halagos o atención para ser una persona valiosa. Ya eres alguien valioso solo por ser tú. Pero lo entiendo: es difícil no desear atención.

No necesitas recibir halagos o atención para ser una persona valiosa.

El deseo de que te alaben siempre ha formado parte de la especie humana. La diferencia hoy es que los medios han creado una fama, o algo similar a ella, que en apariencia cualquiera puede alcanzar. Todo el mundo puede publicar textos, fotografías, música o videos ahí donde (en teoría) cualquier persona del mundo puede valorarlo. Hay muchas plataformas disponibles que nos permiten ver de cuántas personas podemos captar la atención con nuestras opiniones o nuestra expresión personal. De hecho, muchos videos o imágenes de personas normales y corrientes se han vuelto virales de un modo accidental.

Tengo noticias para ti. Solo el 0,0086 por ciento de la población mundial es realmente famosa.[5] Y está bien. La fama no es todo lo que parece ser.

Por supuesto, recibir *algunos* halagos está bien. *Algunos* halagos merecidos. *Algunos* premios entregados para personas que merecen reconocimiento. Si eres un líder, no puedes influenciar con tu don a menos que tengas *algunos* seguidores.

Pero ¿cómo te afecta el halago? O, si no recibes mucho reconocimiento y eso te amarga, ¿cómo te afecta el *deseo* de recibir halagos?

El problema es que, cuando vivimos por y para el reconocimiento de los demás (ya sea en mayor o menor escala), empezamos a hacer sacrificios, y no son saludables. Sacrificamos nuestro propósito, nuestros valores o nuestra atención.

De hecho, ¿es posible que tu deseo de alcanzar la fama haya influido en la elección de tus metas en la vida? Quizás esta sea una oportunidad para revisarlas. Tal vez tienes que estar dispuesto a hacer algunas cosas con tu vida que nunca recibirán mucha atención.

Al margen de si los elogios que recibes están vinculados a tus grandes metas de vida o a otra cosa, estos pueden distraerte de las metas que hayas escogido. Así que esta es la solución:

Hazte más pequeño y deja crecer a otros.

La fama frente a los sueños

Oluebube Princess Egbuna, que vivía en Lagos (Nigeria), era una joven que soñaba con convertirse en ingeniera informática. Sin embargo, a principios de su trayectoria profesional se volvió tan famosa dentro de su campo que la empezaron a buscar por sus dotes de liderazgo y su experiencia. Solo había un problema: aún no había avanzado demasiado en sus habilidades como ingeniera informática.

En retrospectiva, Egbuna ve con claridad qué fue lo que llevó a ese contrasentido. Se estaba haciendo famosa entre la comunidad tecnológica como ingeniera informática, pero en esa época aún no ejercía realmente de ingeniera informática. Ella abogaba por la inclusión y la diversidad en la tecnología. Y eso la hizo conocida.

Empezó a sentirse un fraude, ya que otros asumían que era una ingeniera talentosa y le hacían preguntas sobre ese campo. Ella las esquivaba y buscaba las respuestas en Google.

«A medida que me hacía más famosa, me dejé llevar y olvidé por completo mi sueño de ser una fantástica ingeniera informática. Estaba ocupada cuidando de otras personas, intentando proteger mi imagen de supuesta ingeniera informática y mentora tecnológica. También enseñaba cosas que en realidad no practicaba...

¡Estaba distraída por la fama!»[6]

Llevó un tiempo, pero Egbuna logró identificar el problema y actuó en consecuencia. Se enorgullecía de su rol como activista por la diversidad, pero eso evitaba que hiciera lo que realmente le daría satisfacción y le permitiría hacer una contribución única.

«Más tarde me encontré a mí misma y decidí apartar el efecto que la fama tuvo en mí y aceptar lo que quería hacer de verdad. ¡Fue un largo camino! [...]

Mi final feliz es ser una ingeniera informática real (lo que quería ser de verdad) y también volver a ser parte de las comunidades que me importan sin las distracciones de la fama.»[7]

Cuanto antes reconozcamos los peligros de los halagos y la aprobación de los demás, menor será el daño que nos causen.

Ayudar a construir la vida de los jóvenes

Cuando vivía en Nueva Inglaterra, tenía un amigo que había aprendido hacía mucho la importancia de hacer lo que verdaderamente importa, más allá de si obtenía atención pública a cambio o no. Jacob King, exjugador de baloncesto y rugby, tiene ahora tres hijos, vive en Siracusa (Nueva York) y es un promotor inmobiliario a nivel internacional. Pero yo lo conocía por algo diferente: por ser mentor de adolescentes en riesgo y el fundador de una organización sin ánimo de lucro que apoya a víctimas de maltrato familiar.

Jacob creció en Massachusetts en un hogar inestable, pero superó las adversidades y se convirtió en un empresario muy exitoso en un par de superpotencias mundiales.

«Pasé varias noches en la calle cuando estaba en secundaria —recuerda Jacob—. De hecho, me gradué de milagro. Por suerte, hubo un par de profesores y orientadores académicos que se cruzaron en mi vida. Resulta que uno de ellos enseñaba cultura e historia soviéticas en mi escuela. Él apostó por mí, me llevó a su clase y ¡captó por completo mi atención! El tema me resultaba fascinante. Cuando fui a la universidad, me licencié en Historia con una especialización en Estudios

Soviéticos, y más adelante estudié ruso en la Universidad de Columbia y viajé varias veces a la Unión Soviética».

Después de graduarse de la universidad, Jacob se convirtió en inversor y promotor inmobiliario, sobre todo de edificios comerciales, centros médicos y apartamentos en Boston y Nueva Inglaterra.

A medida que aumentaba su éxito inmobiliario, la Unión Soviética comenzó a colapsar. A principios y mediados de la década de 1990, Rusia se convirtió en un importante mercado inmobiliario emergente.

«Con mi educación, mi experiencia y mi reputación, era un paso lógico —me dijo Jacob—. Había una gran demanda de espacios comerciales al estilo occidental, condominios y apartamentos. Inversores de todo el mundo comenzaron a entrar en el mercado, y mi experiencia y mis habilidades lingüísticas les resultaron atractivas. Así que me convertí en el consultor de inversores comerciales importantes e incluso consideré mudarme con mi familia a Moscú. Iba añadiendo rápidamente historias de éxito a mi cartera profesional y mi reputación también mejoraba».

Eso fue hasta que Jacob tuvo una conversación en casa con un amigo llamado Fred Walker. Jacob estaba hablando de sus historias de éxito y mencionó un par de proyectos fallidos. Fred dijo: «Jacob, la vida es más que ladrillos, cemento y reputación».

Jacob supo de inmediato que Fred tenía razón. Había cosas importantes que Jacob podía hacer con su vida allí mismo donde estaba.

~~~~~~

Ocho cosas por las que lograr la fama

A todos nos recordarán por algo, así que sería mejor que nos centremos en que nos conozcan por las razones adecuadas. ¿Qué piensas de estas?

1. Amabilidad. Una vez le presenté a un vecino un buen amigo mío. Poco después de su primer encuentro, mi vecino me dijo:

«Creo que Bob es el hombre más amable que he conocido en la vida». ¡Qué cumplido tan maravilloso! La amabilidad es algo por lo que quisiera que me conocieran.

2. Perseverancia. En algún momento, la vida nos golpea a todos. Ponerse de pie y ser perseverante ante un desafío es otro rasgo por el que me gustaría que me conocieran.

3. Lealtad. Que al final de mi vida me recuerden por haber sido leal a mi esposa, a mis hijos y a mis obligaciones es uno de mis principales objetivos. Tal vez soy famoso por otras cosas, pero las daría todas a cambio de mantener esta reputación.

4. Empatía. La empatía es la capacidad de entender y compartir los sentimientos ajenos. Y que te conozcan por ello constituye la base de cientos de acciones buenas en la vida de otros, tanto a nivel individual como a nivel social.

5. Alegría. Si te conocen como la persona que ilumina un lugar y lleva siempre alegría allí donde vaya, ya has alcanzado un nivel de fama importante.

6. Ser alentador. Alguien que alienta, por definición, apoya a otra persona. Este tipo de personas no tienen interés en ganar para nada. Más bien al contrario: quieren ver a todos los demás ganar, y trabajan en aras de ese objetivo. En consecuencia, muchos los quieren.

7. Sembrar la paz. Si hay algo que necesitamos en el mundo actual, es gente que siembre la paz. Bendito seas si te has vuelto una de esas personas.

8. Dar amor. Como se suele decir, «lo mejor de todo es el amor».[8] Hazte famoso por amar a otros y nunca te arrepentirás.

Habían diagnosticado a su hija con diabetes tipo 1 hacía unos años, y él y su esposa habían acogido a un niño, Brian, que tenía el mismo diagnóstico. Tal como dijo Jacob: «Así que inmediatamente me involucré en dar apoyo a familias y niños con diabetes tipo 1 en mi comunidad y mi zona. Y me acerqué a organizaciones sin ánimos de lucro locales para proponer mentorías para jóvenes en riesgo. Mi vida cambió por completo cuando otros invirtieron en mí, y yo quería hacer lo mismo. Sabía que mis experiencias vitales podían ayudar a dar una nueva perspectiva a alguien que estuviera pasando por algo similar».

Jacob es uno de los hombres más generosos que he conocido. He visto su impacto en los jóvenes de su comunidad, el apoyo que da a las familias que lidian con las consecuencias del maltrato, y parte del hombre que soy hoy es gracias a nuestro vínculo y nuestras conversaciones.

Como me gusta decirle, él pasó de construir rascacielos en Moscú a ayudar a construir la vida de otros. Y no fue en busca de forjarse una reputación o de la fama. De hecho, antes de leer esta historia, es probable que nunca hubieras oído hablar de él. Pero hay miles de vidas que él cambió gracias a la vida que ha elegido llevar.

Rechazar el centro de atención

Fui a la universidad con un tipo llamado Chris Saub. Era un músico con talento (aún lo es) y podría haberse obsesionado con la cantidad de gente que apreciaba su arte. Pero él no era así. O, dado que la industria de la música es muy competitiva, podría haber adoptado un enfoque egocéntrico ante la fama y los halagos, pero él no era así para nada.

Lo que más me llamó la atención de Chris era lo alentador que era con los demás. Si a otro alumno le daban trabajo, te juro que Chris estaba más entusiasmado que quien acababa de ser contratado. «¿En serio? ¡Qué maravilla! ¡Enhorabuena! Me alegro tanto por ti. Te lo mereces y seguro que lo harás genial. ¡Guau! Qué espectacular».

O si otro músico firmaba un contrato de grabación, Chris no actuaba para nada como yo lo hice cuando los Minimalistas recibieron más atención pública que yo. Él se alegraba mucho por el otro músico. «¡Qué bien! Te felicito. ¡Esto será genial para tu carrera! No puedo esperar a que salga la grabación. Se lo contaré a todo el mundo».

Una vez le pregunté a Chris por qué le entusiasmaba tanto el éxito de los demás. Nunca olvidaré el consejo que me dio: «El éxito de los demás nunca podrá quitarte tu propio éxito, y viceversa».

Luego añadió: «La vida no es un juego de las sillas en el que debes ser el primero en sentarte para ganar el premio. Hay sillas para todos. Cuando veo el éxito de alguien, me alegra. Es emocionante ver a alguien dar un paso o alcanzar un logro en su vida. Me inspira a hacer lo mismo».

En la universidad, yo ya luchaba contra mi deseo de tener seguidores y contra mis celos hacia quienes parecían más exitosos que yo. Así que el placer altruista de Chris por los logros ajenos me sorprendió y me impresionó. Recuerdo su entusiasmo por los demás aún veinticinco años después. Es una cualidad que siempre he querido incorporar más en mi vida.

En otra ocasión, cuando era un joven sacerdote, estaba en una conferencia con un grupo de sacerdotes jóvenes. El líder del grupo preguntó:

—¿Qué os causa más alegría?

—Enseñar —respondí.

Enseñar es una de las principales responsabilidades de un joven sacerdote, y me apasionaba hacerlo. Es una de las cosas más importantes que podemos hacer para los alumnos que están formando sus opiniones respecto a la vida, la moral y la fe. Asimismo, la atención que recibía al enseñar me hacía sentir bien conmigo mismo, más confiado, más preparado para hacer mi trabajo lo mejor posible. Así que pensé que mi respuesta era buena.

Luego, alguien más respondió así a la pregunta de «¿Qué os causa más alegría?»:

—Ver a mi alumno enseñar.

Ay.

No creo que el otro sacerdote dijera eso para molestarme. Pero su respuesta me pareció un modo completamente distinto de ver el mundo. Este tipo estaba centrado en entregarle la responsabilidad y la atención a los demás, y apoyarlos para que tuvieran éxito.

¿Quién tuvo una actitud más saludable? ¿El otro sacerdote o yo? ¿Qué actitud produciría más bondades a largo plazo? ¿La suya o la mía?

Como dije, una solución para la distracción del halago es… más halagos. Halagar a los demás. No te preocupes tanto por tu propia reputación. Construye la reputación de otras personas valiosas.

No te preocupes tanto por tu propia reputación.
Construye la reputación de otras personas valiosas.

¿Trabajas en una organización sin ánimo de lucro con un equipo y es una de tus metas importantes en la vida? Te felicito. Solo asegúrate de que los halagos por realizar un buen trabajo les lleguen a todos como corresponde, para que todos reciban una cantidad saludable de elogios y nadie los reciba en exceso. Y asegúrate de que el trabajo sea aquello que se promociona, en vez de tu nombre.

¿Has decidido junto a tu pareja ser un hogar de acogida para niños con vidas difíciles? Es un trabajo importante y nada fácil, así que te mereces mucho reconocimiento. Pero tu pareja está a tu lado haciendo el mismo servicio, ¿no? Si otros te halagan demasiado, ¿rediriges parte de ese reconocimiento hacia tu pareja?

Intenta usar este tipo de frases en tu discurso:

- «No podría haberlo logrado sin X».
- «Es un trabajo en equipo, y nuestro equipo es genial».
- «X debería contarte esa historia».

¿Esto te resulta difícil? Aunque seas un líder, ser el centro de atención quizás no es tan importante para tu éxito como crees. El filósofo chino Lao-Tse es famoso por haber dicho: «Un líder es mejor cuando la gente apenas sabe que existe [...] Si no honras a tu gente, la gente tampoco te honrará a ti. Pero de un buen líder, alguien que habla poco, cuando su trabajo esté hecho, su objetivo cumplido, ellos dirán: "Nosotros mismos lo hicimos"».

Antes de pecar diciendo que «yo mismo lo hice», déjame que le dé reconocimiento a quien corresponde.

Le he dado las gracias al minimalismo por las cosas que he logrado cumplir. Pero debo darle al menos el mismo reconocimiento a mi esposa Kim. Es una pareja que me apoya y una madre cariñosa. Ella lidia con los horarios de los niños y con los preparativos para la escuela. Me permite hacer mi trabajo gracias a nuestra relación de cooperación.

Cuando pienso en todo lo que le debo, me siento incluso más tonto por sentir celos de los Minimalistas. Al fin y al cabo, no hubiera logrado ni la mitad de las cosas que logré de no haber sido por la generosidad y las habilidades de Kim. Y, sin embargo, ella recibe mucha menos atención que yo.

Superamos el deseo de recibir reconocimiento aprendiendo a dar ánimos y apoyo a otros. Como decía Robert Ingersoll, un orador estadounidense del siglo XIX, una persona «superior» «mejora ayudando a otros».[9]

Podemos festejar los logros de los demás. Y si ellos se llevan los elogios que nosotros deseábamos haber recibido, no pasa nada. Aún tenemos la satisfacción de saber que fuimos partícipes de actuar en favor de personas valiosas y sus causas.

Dos preguntas que hacerte sobre tu actividad en las redes sociales

A muchos de nosotros nos tienta hoy la fama efímera de las redes sociales. Deseamos tener «me gusta», «retuits», «comentarios», «vistas» y «clics». Actualizamos nuestro Instagram o Facebook minutos después de publicar una fotografía o un estado solo para ver cuántas personas le han puesto un corazón o un pulgar arriba.

No tienes por qué estar en las redes sociales para marcar la diferencia en el mundo, pero, si eres como yo, las necesitas para difundir tu causa. Hay personas que «descansan» de las redes sociales para romper con la influencia psicológica que tienen en ellas; otras personas no pueden darse ese lujo. Las tentaciones que acompañan a las redes sociales siempre están presentes.

¿Cuál es tu causa?

Hay dos sencillas preguntas que pueden ayudarte a encaminar tu motivación y tu comportamiento a la hora de usar las redes sociales.

1. *¿Por qué gano seguidores?*

¿Intentas ser famoso? ¿Ser rico? ¿Cubrir una necesidad emocional?

¿O lo haces para comunicarte con tus amigos y con otra gente que piensa como tú? ¿O quizás para ganar un flujo social que puedes usar en beneficio de personas y causas que te importan?

Es posible que tus motivos nunca sean completamente puros, o que ni siquiera los sepas, pero, si tomas consciencia de ellos, también podrás controlar conscientemente tu comportamiento en las redes sociales para alinearlo con tus intenciones.

2. *¿Cómo gano seguidores?*

Internet está lleno de contenido irrelevante de personas, páginas web y canales que solo intentan conseguir clics y «me gusta». También está lleno de contenido diseñado solo para generar respuestas emocionales insanas. Hay muchas maneras desagradables de captar seguidores en las redes sociales.

¿Atraes seguidores con dignidad? ¿Con integridad? ¿Con verdad? ¿Con coherencia? ¿Con sustancia?

¿Cuáles son tus estándares en una publicación en redes sociales? Quizás necesitas crearte una guía. Dirige tu actividad en redes hacia algo bueno, aunque eso implique tener menos seguidores.

Esto te mantendrá centrado en tu mensaje.

Centrados en el verdadero premio

Si eres como yo, y hay veces en las que te distraes porque estás obcecado con que el reconocimiento que recibes no es suficiente, entonces tengo dos mensajes esperanzadores que darte.

Primero, se vuelve más fácil.

Cuanto más centrado y comprometido estés con tus objetivos, menos te perturbará el deseo excesivo de reconocimiento. Cuando estás haciendo lo que sabes que deberías hacer, eso mata de hambre al lobo de la envidia que vive en tu interior.

Hace unos años, cuando tenía un poco de dinero extra, decidí usarlo para fundar The Hope Effect. En aquel entonces era una de mis mayores prioridades, y aún lo es en la actualidad. Aún dedico mi tiempo y mis recursos económicos a esta causa.

Así que, cuando un amigo usa su dinero extra para comprarse un Corvette, puedo halagarle por su coche sin desear tener uno. Porque tengo algo mejor. Y cada vez que visito uno de nuestros espacios de acogida, lo veo en los ojos de los niños que han perdido a sus padres, pero que son felices, están sanos y llenos de esperanza.

¿Todavía lucho contra el deseo excesivo de recibir elogios? Sin duda. Pero puedo decir con total sinceridad que no me supone un problema tan grande como antes. No evita que siga trabajando por lo que me importa.

El deseo de recibir atención tampoco tiene por qué detenerte a ti.

Acepta los elogios bien merecidos con humildad. Redirige los elogios a otros con generosidad. Y nunca pierdas de vista tu misión, sin importar lo mucho o lo poco que estés en el centro de atención.

Y ahora te daré el segundo mensaje esperanzador: las personas se sienten atraídas por otras que viven en sintonía con su propósito.

Las personas se sienten atraídas por otras que viven en sintonía con su propósito.

Una madre se dedica a criar a sus cuatro hijos y los vecinos lo ven. Una mujer que vive en la misma calle dice: «Tengo un problema con mi hijo y si no te importa, me gustaría saber cómo lidiaste con ello cuando le sucedió a tus hijos».

Un trabajador competente llama la atención de un nuevo becario que acaba de empezar.

Un gran entrenador es querido por sus jugadores.

Un corista puede ser reconocido en su industria.

Alguien a quien se le da bien escuchar es la persona a la que un amigo llama primero cuando está desesperado.

Centrarte en vivir en sintonía con tu propósito tal vez nunca te haga famoso (algo que gira en torno a ti). Pero hará que seas influyente (algo que gira en torno a los demás).

Ve tras el propósito y no tras los elogios.

Te aplaudiría por hacerlo, pero no quiero distraerte.

9

Las playas se vuelven aburridas

Superar la distracción del ocio

En vez de preguntarte cuándo serán tus próximas
vacaciones, quizás deberías tener una vida de la que no
necesites escapar.

SETH GODIN, *Tribes*

Suelo ser una persona ambiciosa: alguien que quiere alcanzar objetivos y tener éxito. Aun así, creo que las personas que me conocen no me consideran alguien intenso, acelerado, obsesionado, o alguien que pisa a los demás. De hecho, quizás es todo lo contrario: me consideran alguien tranquilo y en paz, centrado y atento. Y eso es porque no solo amo trabajar por naturaleza, sino también porque amo el trabajo que hago: ayudar a los demás a vivir con mayor propósito y con menos posesiones. Puedo relajarme y sentirme cómodo con mi trabajo.

Si me despierto antes que el resto de mi familia un sábado por la mañana, lo más probable es que prepare café y vaya a mi ordenador, donde usaré mi tiempo para responder preguntas que me hayan hecho sobre minimalismo por correo electrónico. No es *necesario*, podría esperar hasta el lunes. Pero *quiero* hacerlo. Eso se debe (como diría Seth Godin) a que mi vida laboral está organizada de tal modo que no quiero escapar de ella. Al revés: me atrae porque me encanta.

Sin duda, sé que no todo el mundo tiene la misma personalidad que yo. (Gracias a Dios por la variedad). Es más, entiendo perfectamente que el trabajo es algo distinto para cada persona. Hay una gran variedad de empleos, profesiones y empresas, y algunos nos sentimos más cómodos en unas en particular que en otras.

De todos modos, creo que, para todos, lo más gratificante que podemos hacer a largo plazo es centrarnos en nuestro trabajo. Con «trabajo» no me refiero solo a un empleo de nueve a cinco. Podría ser criar a un hijo. O ser miembro de una junta directiva. O ser voluntario. Hay muchas posibilidades. Lo que sea que contribuya a hacerle un bien a otros es «trabajo», sin importar si nos pagan o no por hacerlo.

¿Y qué es lo que más nos distrae de ese tipo de trabajo? Pues uno de los grandes polos opuestos al trabajo: el ocio. O, mejor dicho, el deseo de ocio de la sociedad moderna.

Antes de que pienses que soy ese tipo de persona que quiero convencerte de que abandones tu *hobby* o que te escondería las llaves de tu coche si pudiera, tengo que decirte que mi familia y yo hacemos dos vacaciones largas cada año, una en verano y otra en Navidad. Habitualmente cojo horas libres en mi trabajo para recoger a mi hija en la escuela, asistir a las actividades deportivas de mi hijo o almorzar con la hermosa señora Becker. Mi semana tiene un ritmo saludable, ya que he seguido el consejo de un mentor que dijo: «Deberías tomarte dos días libres a la semana: uno para ocuparte de las tareas domésticas y otro para descansar el máximo posible».

Así que no estoy en contra del descanso, la relajación y la diversión. Solo que no quiero que te pierdas las cosas que te importan porque hayas comprado sin pensar las nociones de ocio que tiene nuestra cultura. Estoy en contra de que el ocio sea el *objetivo*. Porque si el ocio es tu objetivo, es inevitable que desplace tus prioridades. Es un problema muy común en nuestra sociedad.

Digámoslo así: el ocio es un gran incentivo para ser productivos a largo plazo en nuestra búsqueda de metas significativas. Pero el ocio en sí mismo es un objetivo terrible.

El ocio es un gran incentivo para ser productivos a largo plazo en nuestra búsqueda de metas significativas. Pero el ocio en sí mismo es un objetivo terrible.

El ocio no da sentido a la vida. Pero sí da un aire nuevo a otras cosas que sí dan sentido.

En general, las personas que conozco que han convertido el ocio en su propósito se sentían vacías y con el tiempo se arrepintieron de las renuncias que habían hecho por el ocio. Se aburren tomando sol en la playa, jugando al golf o viendo la televisión. No quiero que ni tú ni yo terminemos así.

En nuestra sociedad, el ocio se convierte en una distracción básicamente de dos maneras:

- Solemos considerar al trabajo como un mal necesario e intentamos hacer lo menos posible.
- Asumimos que deberíamos terminar de trabajar a cierta edad y, en general, esperamos que esa edad llegue tan pronto como nosotros y nuestros planes de pensiones nos lo permitan.

Para entenderlo mejor, debemos empezar a analizar lo que significa nuestro trabajo para nosotros.

Por qué trabajamos

Tal vez no sea totalmente preciso a nivel histórico, pero imagino una época en la que las familias tenían la responsabilidad de obtener todo lo necesario para su supervivencia: cazar, cultivar, construir, coser, cocinar, limpiar y más. Hasta que, un día, alguien notó que su familia era mejor cultivando que construyendo y decidió negociar con una familia vecina. «Si cultivamos comida de más y os la damos, ¿construiríais una casa para nosotros?».

Había nacido la división de tareas. Ambos se beneficiaban con el acuerdo: cosechaban mejor comida y construían casas más fuertes. Al final, toda la sociedad salía beneficiada. Y cada individuo era capaz de contribuir a su comunidad en el área para la que más talento o pasión tenía, ya fuera cosechar, construir, coser, cazar o pescar.

Pero en algún momento por el camino perdimos la noción de cómo el trabajo nos beneficia a todos. Ya no trabajábamos en beneficio de otros, sino en beneficio propio. El trabajo se volvió egoísta. Se volvió un medio para ganar dinero y poder hacer con él las otras cosas que realmente queríamos hacer.

Dorothy Sayers (más conocida como la creadora de los misterios de lord Wimsey) afirmó en un ensayo sobre el trabajo:

> En ese entonces, insté a que hubiera una revolución absoluta en nuestra actitud hacia el trabajo. Pedí que lo contemplaran no como un castigo necesario con el objetivo de ganar dinero, sino como un modo de vida en el que la naturaleza del hombre encontrara su propio ejercicio y placer para cumplir con la gloria de Dios [...].
>
> El hábito de pensar en el trabajo como algo que uno hace para ganar dinero está tan arraigado en nosotros que apenas nos imaginamos el cambio radical que sería pensar en él, pero en términos de trabajo realizado.[1]

Sayers escribió esto hace ochenta años, durante la Segunda Guerra Mundial, y sus ideas son hoy más reales que nunca. En la actualidad, el trabajo se considera un medio para ganar dinero, o algo que evitar y reducir a ser posible.

En la encuesta *Things that Matter Survey* preguntamos: «¿Qué objetivo es más atractivo: jubilarte anticipadamente y vivir una vida ociosa, o bien trabajar mucho tiempo en algo que te resulta satisfactorio y productivo?». Solo un tercio de los participantes (34 por ciento) considera que tener un trabajo que te llena es más atractivo que jubilarse de forma anticipada para tener una vida ociosa. Parece que muchos de nosotros trabajamos más porque tenemos que hacerlo que porque queramos hacerlo.

¿Qué objetivo es más atractivo: jubilarte anticipadamente y vivir una vida ociosa, o bien trabajar mucho tiempo en algo que te resulta satisfactorio y productivo?

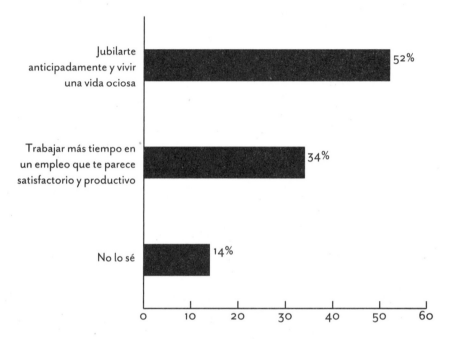

En el informe de 2017 de *State of the Global Workplace*, la organización de encuestas Gallup reveló que solo el 15 por ciento de los empleados del mundo está comprometido con su trabajo, mientras que el 67 por ciento no lo está y el 18 por ciento no se involucra para nada. El mayor grado de compromiso se encuentra en Estados Unidos y Canadá, si bien al 31 por ciento, lo que implica que hay todavía más de dos tercios de personas no comprometidas con su trabajo. Australia/Nueva Zelanda y Europa Occidental son las siguientes con un 14 y 10 por ciento de compromiso, respectivamente.[2]

Es imposible que el 85 por ciento de los trabajos del mundo sean malos. Hay algo más que influye en esa falta de compromiso laboral. Y creo que está relacionado con cómo vemos el trabajo. La razón por la que el 85 por ciento de nosotros no nos comprometamos con el trabajo es porque tenemos un concepto equivocado. Lo vemos como algo que hacer para conseguir dinero y poder comprarnos una casa o ir de vacaciones. El trabajo, visto de esta manera, se ha vuelto completamente egoísta.

El trabajo es lo que hago para ganar dinero y hacer lo que quiero. Con esa mentalidad tiene sentido que nos centremos tanto en el ocio: el fin de semana, las vacaciones y la jubilación.

El cebo del ocio

Nos gusta cogernos unos días libres en el trabajo. Podríamos decir que nos obsesiona. Muchos de nosotros decimos que «trabajamos para llegar al fin de semana». El lunes es tema común de cientos de bromas. El miércoles ya se considera la «mitad de semana» porque nos acerca al fin de semana. Imprimimos tazas, camisetas e imanes que dicen: «¡Por fin es viernes!».

Hay demasiada gente que desperdicia los días entre semana deseando siempre que llegue el fin de semana; se entusiasman con el sábado y el domingo más que con el lunes y el martes. Es menos probable que quienes aprenden a adorar y aprovechar cada día miren hacia atrás y se den cuenta de que han malgastado su vida con esos deseos. Sin embargo, continuamos valorando más nuestro tiempo libre que nuestro tiempo en el trabajo.

En Estados Unidos, el 40 por ciento de las veces que un empleado falta por enfermedad está fingiendo.[3] El estadounidense medio pasa casi doscientas horas al año (¡el equivalente a veinticinco días laborales!) pensando en sus vacaciones.[4]

Pero hay algo irónico en todo esto.

Estamos tan entregados a nuestro trabajo que eso afecta nuestros días de descanso. Un poco más de la mitad de los trabajadores estadounidenses no usan todos sus días de vacaciones pagadas. Un porcentaje similar (más del 50 por ciento) afirman sentirse culpables por hacer vacaciones.[5]

Mientras están de vacaciones, muchos estadounidenses nunca desconectan por completo del trabajo. El 70 por ciento de los trabajadores estadounidenses de vacaciones comprueban lo que pasa en su oficina al menos cada tanto; es más, el 30 por ciento lo comprueba una vez al día y el 11 por ciento, varias veces al día.[6]

¿De veras *necesitamos* hacerlo? ¿O tenemos tal adicción a la rutina laboral que no podemos estar sin ella ni siquiera en nuestras tan ansiadas vacaciones? ¿Nuestro valor depende tanto del trabajo que no podemos pasar una semana en la playa o diez días explorando las montañas canadienses sin recurrir a nuestro trabajo para mimar nuestro ego?

Nuestro tiempo libre *nos importa demasiado* y *no lo suficiente* a la vez. Por un lado, concebimos el tiempo libre como una meta hacia la que nos arrastramos durante los días laborales. Por otro, no aprovechamos nuestro tiempo libre para descansar de verdad y regresar con las pilas cargadas.

¿Qué pasa con estas realidades en conflicto? ¿Esta tensión rara se debe a que malinterpretamos el papel que tiene el descanso? ¿Consideramos que el objetivo del trabajo es el descanso, en vez de reconocer que el objetivo del descanso es lograr hacer un mejor trabajo?

Lo entendemos todo al revés, y eso nos lleva a esta confusión.

El objetivo del trabajo no es descansar más. El objetivo del descanso es trabajar mejor.

El objetivo del trabajo no es descansar más.
El objetivo del descanso es trabajar mejor.

No trabajo tan duro para tener unas mejores vacaciones. Tengo unas buenas vacaciones para poder trabajar mejor. Es un modo diferente de ver la motivación.

Descansa los fines de semana, los días de libre disposición y los días de vacaciones. Y tómate al menos unas vacaciones largas al año. Si no puedes permitirte irte lejos o hacer algo exótico, no pasa nada. Aún puedes desconectar del trabajo. Y descansar de verdad. Divertirte.

Toma distancia del trabajo, pero no como una vía de escape, sino para poder verlo en perspectiva. Recarga las pilas para dar lo mejor de ti y hacerlo lo mejor posible cuando regreses al trabajo.

R+R no basta. Necesitamos R+R+R: *reposo, relajación* y *regreso al trabajo* con entusiasmo.

El invento de la jubilación

En nuestra sociedad, no solo somos propensos a tomarnos la vida con calma y disfrute, sino que también aspiramos a eliminar totalmente el trabajo de nuestra vida para poder por fin «disfrutar de la jubilación». Entre las generaciones que ocupan en la actualidad los puestos de trabajo hay una tendencia a querer jubilarse cada vez antes.[7]

¿Es bueno? ¿O es malo?

Mi abuelo Harold Salem tenía mucho que decir sobre la jubilación. Una de las cosas que me decía era que «los políticos inventaron la jubilación, y eso debería decirte todo lo que necesitas saber al respecto».

Solía preguntarme si era cierto. Así que empecé a investigar cuál era la historia de la jubilación. ¿Y sabes qué? ¡Mi abuelo tenía toda la razón!

La jubilación es un experimento moderno. En las antiguas generaciones, todo el mundo continuaba trabajando mientras fuera físicamente capaz de hacerlo. Los historiadores dicen que Otto von Bismarck, canciller de Alemania, participó en la invención del concepto moderno de jubilación en 1883 cuando le ofreció una pensión a cualquier alemán de más de setenta años que no trabajara; pocos años después, la edad bajó a los sesenta y cinco. Otras naciones, incluido Estados Unidos, hicieron lo mismo.[8]

En otras palabras, los sesenta y cinco años fue una edad arbitraria escogida por los políticos para ganar votos. Luego, en algún momento, esa edad se convirtió en el estándar ideal para la jubilación, aunque no tuviera nada que ver con lo que se consideraba la mejor manera de tener una vida significativa para el individuo.

Así que, si la jubilación es un experimento, ¿qué tal va? Diría que no muy bien.

Prepararse económicamente para la jubilación crea mucha ansiedad. Basta con pensar en cuántos anuncios sobre fondos de pensiones hay. O cuanta energía mental dedicamos a pensar en esos fondos de pensiones. Las personas están ocupadas calculando a qué edad pueden ya jubilarse y preocupándose de que no tendrán suficiente dinero. Y si llega la corrección del mercado de valores y merma los ahorros de los prejubilados, se considera que es una pena terrible que tengan que trabajar un par de años más antes de retirarse. (¿No sería más bien una bendición?).

¿Sabes cuál es la mayor consecuencia inesperada de poner la atención en la jubilación? Que hace que no disfrutemos del trabajo. ¿Por qué? Porque ¿cómo vamos a aprender a disfrutar del trabajo si nuestro objetivo es huir de él cuanto antes? Trabajamos para poder dejar de trabajar en vez de trabajar porque sea algo significativo para nosotros.

Además, la mayoría de la gente tiene la mentalidad de que jubilarse (quizás hacia los sesenta y cinco años) es el único camino. Así, una gran cantidad de personas se han jubilado cuando no era necesario que lo hicieran, dejando puestos de trabajo en los que aún podrían haber contribuido mucho a la sociedad y con los que podrían haberse sentido realizados.

Entonces, ¿la jubilación es tan maravillosa como creemos? ¿O hace que nos perdamos cosas que importan y que pueden enorgullecernos cuando estemos al final de nuestra vida?

No a la jubilación, sí a la reestructuración

Si asumes que debes jubilarte, te reto a que lo reconsideres. ¿En qué medida influye la actitud cultural hacia la jubilación en tu opinión acerca del trabajo o del objetivo de tu trabajo? El propio verbo *retirarse* significa «irse», «abandonar el centro de acción». ¿Quién quiere eso? Sobre todo cuando aún tienes muchas cosas buenas que dar.

Mi abuelo decía: «Quiero jubilarme tres días antes de mi funeral». (Casi lo logra: trabajó cuarenta horas a la semana hasta nueve días antes de morir, ¡a los noventa y nueve años!). Siempre decía que el trabajo era una de las razones por las que mantenía la mente ágil. Y sé que es una de las razones por las que se pudo enfrentar a la muerte con tanta confianza: no desperdició ni un solo año de su vida.

Por supuesto, la edad es un factor real en nuestro trabajo y a veces dificulta aspectos de este. Pero, al envejecer, puedes elegir no *retirarte* de tu carrera y, en su lugar, *reestructurarla*. Por ejemplo:

- Puedes bajar el ritmo, trabajar media jornada en vez de a tiempo completo, o trabajar de modo ocasional.
- Puedes cambiar a un trabajo que sea menos exigente a nivel físico.
- Puedes aconsejar en vez de liderar, y adoptar un rol de mentor.
- Puedes cambiar de campo o de tipo de trabajo; quizás escoger uno que se alinee más con tus metas de vida, aunque te paguen menos.

Sin embargo, al final puede que decidas jubilarte por completo de un empleo remunerado. No siempre está mal. A veces, la mejor opción es poner fin a tu empleo, en especial si planeas centrarte más en causas que te importan mientras estás jubilado.

En nuestra sociedad centrada en la juventud, ojalá volviéramos a ver la edad como algo valioso. No solo se trata de que los jóvenes busquen con mayor frecuencia el consejo de los mayores, sino de que estos últimos podrían apreciar más lo que pueden ofrecer a los demás. Cuando eres mayor, tienes mucho que aportar, quizás más que nunca. La mejor fruta crece en los árboles más maduros.

Las investigaciones demuestran que jubilarse de un empleo corriente, cuando se realiza del modo correcto, puede mejorar la salud y la satisfacción con tu vida.[9] Sin embargo, el 28 por ciento de quienes se han jubilado recientemente piensan que la vida es peor que cuando trabajaban. Se sienten «aislados y creen que han perdido el rumbo».[10] Entonces, ¿cómo encuentra la felicidad al jubilarse el 72 por ciento restante?

Stephen Wright, un asesor financiero, lo explica bien: «La clave de una jubilación feliz es retirarse con idea de tener *algo que hacer*, no *solo* retirarse. La diferencia entre un jubilado feliz e infeliz es tener un propósito».[11] En otras palabras, sigue contribuyendo. «Trabajar» no tiene por qué conllevar necesariamente un pago cada mes, sino que puede ser algo significativo, como ayudar a criar a un nieto o hacer más horas de voluntariado en tu comunidad.

No te jubiles hasta que sea necesario. Y si te jubilas, hazlo con un propósito.

Si te jubilas, hazlo con un propósito.

Sea cual sea tu estado laboral, piensa en los años de trabajo que te quedan y renueva tu compromiso con tus metas principales. Mientras respires, continúa contribuyendo de un modo positivo al mundo que te rodea.

El poder de la vejez

Paul Stratman, oriundo de Omaha, trabajó cuarenta y cuatro años de electricista, colocando cables, liderando personas y haciendo modelos tridimensionales. Luego se retiró.

Pronto empezó a sentirse infeliz. «Mi esposa tenía una larga lista de cosas que quería hacer en la casa —dijo Paul—, pero tardé menos de un año en completarla. Y estaba seguro de que no quería sentarme en casa sin hacer nada durante el resto de mi vida. Quería ayudar a los demás».

En esa época reunió a un grupo de obreros jubilados de Omaha al que llamo los Geezers. Varias veces a la semana, durante medio día a veces, un grupo de cinco a diez Geezers se reúne al norte de Omaha (una parte pobre de la ciudad) para reconstruir una casa que luego será utilizada por una organización sin ánimo de lucro.

«Ahora mismo estamos restaurando una casa que alojará a seis exconvictos», me contó Paul. Les daremos un hogar, y la organización sin ánimo de lucro les orientará cuando se muden.

El objetivo es ayudar a exconvictos a tener una vida mejor y permanecer lejos de la cárcel. El índice de reincidencia en Estados Unidos llega al 83 por ciento.[12] «Nuestro objetivo es alcanzar el cero por ciento entre los hombres que ocuparán esta casa cuando terminemos», dice Paul.

En una ocasión anterior, después de las devastadoras inundaciones de 2019, Paul trabajaba como voluntario en la zona para restablecer el suministro eléctrico en muchos de los hogares cuando recibió una llamada urgente en la que le informaban de que el hogar de una pareja de cincuenta años había quedado destruido por las inundaciones. La pareja vivía en una camioneta con su hija adolescente y tres nietos (cuya madre era incapaz de cuidar) mientras intentaban recaudar el dinero suficiente para reparar su casa. ¡Seis personas en una diminuta camioneta! La pareja estaba preocupada porque les habían informado que alguien de los servicios sociales de Nebraska iría a inspeccionar las condiciones en que vivían los tres nietos. La pareja temía que les quitaran a los niños. Estaban desesperados por evitarlo. ¿Paul podía ayudarles?

Paul se puso manos a la obra. Completó el cableado eléctrico y las reformas de seguridad dentro de la casa dañada por las inundaciones, gratis, justo a tiempo para que pasara la inspección de los servicios sociales. La familia no se separó.

Al reflexionar sobre esa experiencia, Paul dijo: «Cuando puedes ayudar a personas que están tan desesperadas, personas que han aparcado sus vidas para cubrir las necesidades de otros, y logras marcar una ínfima diferencia en sus vidas, te conmueve. Fue una de las experiencias más conmovedoras que he tenido y uno de los trabajos más significativos que he hecho». Paul se ha jubilado de su empleo, pero no ha dejado de trabajar para los demás.

Devoluciones felices

Hace varios años conocí a una mujer llamada Theresa. Tenía setenta y pocos años, y un carácter dulce que uno notaba de inmediato. Al hablar con ella, descubrí que teníamos algunas cosas en común cuando mencionó que era contable (yo había estudiado un poco de contabilidad en la universidad). Cuando la conocí, ella ya estaba jubilada, pero me fascinó saber que aún hacía buen uso de su educación y su experiencia. De enero a abril (es decir, en el período previo a la presentación de la declaración de impuestos) iba al centro de Phoenix cada día hábil y ayudaba a las mujeres con rentas bajas a preparar su devolución de impuestos, todo ello sin cobrar ni un centavo.

«Les explicaba y trabajaba para asegurarme de que las mujeres recibieran todos los recursos que el gobierno les podía dar —explicó, con una sonrisa—. Me he pasado la vida ayudando a las empresas a hacer lo mismo. Ahora valoro ayudar a los necesitados. Muchos de ellos no saben leer, y mucho menos llenar un complicado formulario de impuestos. He pasado décadas estudiando el código tributario, y ahora, una vez jubilada, hago buen uso de ese conocimiento».

Un bien necesario

Tenemos que cambiar de mentalidad respecto al trabajo. No es un mal necesario. No es algo que tal vez sea interesante un rato mientras somos jóvenes adultos, pero que luego se convierte en algo que, inevitablemente, nos molestará más tarde cuando empecemos a envejecer y a buscar la salida.

La verdad es que el mundo necesita tus talentos y tus habilidades. Necesitamos que trabajes mucho y que lo hagas bien. Tu trabajo contribuye al bienestar de la sociedad y nos impulsa hacia adelante. Tu contribución nos hace mejores personas, enriquece nuestras vidas.

Ya sea embolsando compras, entregando el correo, limpiando las calles, criando niños o liderando, puedes considerar que tu trabajo es un acto de amor hacia las personas a quienes sirves. Y cuando cambie tu motivación, descubrirás que el trabajo no es algo que hay que evitar, sino que es significativo y gratificante. El lunes no es un día al que temer.

Por favor, no pienses en tu trabajo como algo que soportar o de lo que escapar. En su lugar, cambia la mentalidad respecto al trabajo. Concéntrate y recupera la motivación para usar tus pasiones y habilidades para hacer un bien a una sociedad que lo necesita. Tu trabajo es una manera de demostrar tu amor por los demás.

Ama tu trabajo porque tu trabajo es amor.

Más allá del salario

En la encuesta *Things that Matter Survey* preguntamos: «¿Te sientes satisfecho en tu carrera/trabajo más allá del salario?». Aproximadamente la mitad (53 por ciento) respondió que sí; el 31 por ciento dijo que no y el 17 por ciento no lo sabía.

Es hora de que todos y cada uno de nosotros empecemos a redefinir el trabajo y a encontrar satisfacción más allá del salario. No porque quien te contrata te ofrezca un gran paquete vacacional o un aparcamiento cerca del edificio, sino porque tu trabajo mejora la vida de los demás. Haces bien lo que haces, te paguen o no, y otra persona hará lo que se le da bien, y así todos saldremos beneficiados. Por esa razón digo que el trabajo es *amor*.

¿Te sientes satisfecho en tu carrera/trabajo más allá del salario?

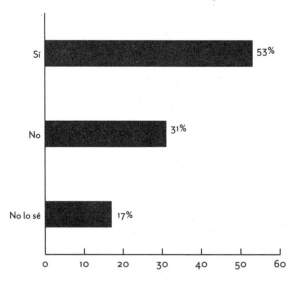

A veces, este amor consiste en construir una casa resistente y más económica. A veces se trata de cosechar mejor comida o de coser mejores prendas. Otras veces consiste en limpiarle los dientes a alguien, ayudarle con sus impuestos, cortar su césped, o trabajar en una tienda de comestibles recaudando dinero para pagar a los granjeros la próxima cosecha.

Sea cual sea tu trabajo, en casi todas las circunstancias estás aportando un beneficio a la sociedad. Y cuando empezamos a ver nuestro trabajo de este modo, al instante encontramos mayor satisfacción en él.

Recuerdo haber compartido esta idea del trabajo en una sala con cientos de personas. Un joven se acercó a mí al acabar y me dijo:

—Me gusta lo que ha dicho sobre el trabajo. Pero yo soy jardinero. Corto el césped y podo arbustos. No sé si mi trabajo beneficia al mundo. Al menos yo no lo veo como un acto de amor.

—Lo primero que quiero es darte las gracias por hacer que el vecindario luzca más hermoso —le respondí—. Cada vez que voy a correr, a pasear con mi esposa o voy en bicicleta con mi hijo, disfruto de la belleza que me rodea. Y tú la creaste, así que gracias.

»Pero no acabo ahí. La semana pasada, un buen amigo mío estaba en el hospital por una cirugía importante y salió de ella con un buen diagnóstico. Yo no sé si tú eres el jardinero que cuida del jardín de su médico, pero alguien lo hace. Y dado que alguien hace el trabajo que tú haces, el médico de mi amigo tuvo el tiempo de ofrecerle su don y su talento y realizar la cirugía. Así que gracias por tu trabajo. Sin duda nos beneficia a todos. Tu trabajo me parece un acto de amor».

¿Ves cómo esto cambia por completo nuestra percepción del trabajo? Empezamos a experimentar la satisfacción cuando pensamos más allá del salario.

Un cambio terapéutico

Mark Mahnensmith es padre de cuatro hijos (dos pares de mellizos) y vive en Rhode Island. Es fisioterapeuta y adora su profesión, no solo porque le encanta el trabajo en sí o las personas con las que trabaja o la empresa, sino también porque ve su trabajo como un acto de amor.

Pero no siempre fue así. Después de la universidad, Mark se decantó por dedicarse a la economía y trabajó en uno de los bancos de inversiones más grandes de Wall Street. Ganaba mucho dinero y empezó a pensar en jubilarse a los treinta y cinco años. Me dijo: «En ese momento no me importaba el trabajo que hacía. Solo quería ganar mucho dinero. Pero empecé a notar algo en mi vida. No podía dormir por la noche, ni despertarme por la mañana. Algo tenía que cambiar».

Mark empezó a recordar mientras compartía su historia: «En el instituto era atleta y siempre se me dio bien exigirme más que a otros y hacer rendir más a mi cuerpo. Quería ayudar a los demás a hacer lo mismo con el suyo. Así que volví a estudiar para convertirme en fisioterapeuta. Esa carrera me permitiría tener la vida familiar que quería, pero, más que eso, me permitiría amar y servir a los demás a través de mi talento y mi pasión».

Mark ha sido fisioterapeuta los últimos diez años y ahora es mucho más feliz. En sus propias palabras: «no porque hubiera algo malo en los bancos de inversiones, sino porque ahora veo el mundo de otro modo. Y veo mi rol en el mundo, a través del trabajo que hago, de un modo diferente».

Continuó diciendo: «No veo mi trabajo solo como un medio para pagar las facturas. Lo veo como una oportunidad de conectar con los demás. De hecho, mi mayor satisfacción es ayudar a alguien a aprender sobre su cuerpo físico o simplificar un proceso para mis clientes que cambia su perspectiva o su mentalidad. Con mi profesión ayudo a los demás a convertirse en su mejor versión, y es uno de los mayores actos de amor que podemos hacer por los demás».

Es importante mencionar que, al contar su historia, Mark no habla mal de los banqueros ni de la industria financiera. De hecho, cuando conversé con él sobre su cambio de profesión (lo conocí cuando él estaba estudiando para convertirse en fisioterapeuta hace quince años), él creía que, si hubiera visto de otro modo su trabajo anterior, podría haberlo abordado también como un acto de amor.

Hay muy pocos trabajos en el mundo actual en los que no se sirva a los demás. El banquero de inversiones, el fisioterapeuta, el asistente docente voluntario, el basurero, el vendedor de seguros, el asistente legal pro bono, el obrero en la autopista, el jardinero: todos ellos mejoran la calidad de vida de los demás y les permiten ser su mejor versión. Todo se reduce a cómo consideramos nuestro trabajo.

Vaya manera de ganarse la vida

Cuando publiqué mi primer libro (titulado *The More of Less*) con una editorial tradicional, una de las primeras maquetas de la portada mostraba una tumbona en la playa. ¿Mi reacción? ¡No, no, no! Era exactamente lo opuesto a la impresión que quería dar. Nunca usé el minimalismo como un medio para evadirme de mis obligaciones y oportunidades, y no quería que la portada reflejara ese error de concepto común. Para mí, la gracia del minimalismo —el tema de este libro— no es avanzar más rápido hasta el punto donde no tengamos nada que hacer, sino volvernos más productivos. Quitamos las distracciones para poder vivir nuestra mejor vida y contribuir a la comunidad.

Quiero cerrar este capítulo con una verdad importante: para vivir una vida de lo más significativa y gratificante tendrás que trabajar duro. La vida y el trabajo están conectados y se relacionan entre sí. Como seres humanos, estamos diseñados para trabajar no por el bien del dinero, las posesiones o la fama, sino porque está en nuestra naturaleza alcanzar nuestro mayor potencial a través de hacer el bien a quienes nos rodean. Así que tus objetivos más importantes no serán fáciles de alcanzar; necesitarás atención y esfuerzo.

Ahora bien, para que quede claro, no estoy diciendo que haya que estar ocupado solo por el mero hecho de estar ocupado. Estoy hablando de la importancia de hacer tu trabajo (remunerado o no) con foco y propósito, dándolo todo de ti: haciéndolo lo mejor que puedes para alcanzar lo máximo posible con la única vida que tienes.

Hace unos años hablé en un evento en Iowa sobre la importancia del trabajo y la satisfacción vital que genera. Una mujer me llevó aparte después para compartir una historia conmigo.

Me contó lo siguiente: «Tengo un pequeño restaurante en mi pueblo. El último Día de la Madre me faltaba personal y contraté a una chica adolescente para que nos ayudara a limpiar las mesas ese día. Fue uno de los días más ajetreados del año, como siempre ocurre el Día de la Madre. Al final del día, miré a la chica. Estaba sentada en un taburete cerca del lavaplatos. Me acerqué y le comenté lo ajetreado que había sido ese día. Ella respondió: "Estoy exhausta. Creo que nunca me he sentido tan cansada en la vida"».

La mujer que compartía su historia me miró a los ojos y continuó: «La miré y le dije: "Lo sé. ¿No es una sensación maravillosa?"».

Al igual que todo el mundo, disfruto de un día de descanso. Me encanta despertar sin prisa y preparar tranquilamente el desayuno a mi familia. Disfruto leyendo un libro, jugando a baloncesto en el parque o viendo una película con mis hijos. Y me gustan las vacaciones, tanto si vamos a visitar a la familia en Navidad como si disfrutamos de un viaje de esquí juntos en las vacaciones de primavera. Son días que espero con ansia.

Pero nada supera la sensación de posar la cabeza en la almohada al final de una jornada de trabajo considerable, sabiendo que di todo lo que tenía ese día. Como dijo la dueña del restaurante, es una sensación maravillosa. Cuando llegue al final de mi vida, querré saber que intenté hacerlo lo mejor posible y lo di todo. Y tú también querrás lo mismo.

La manera de superar la distracción del ocio es replanteártelo y encontrar una satisfacción altruista en el trabajo. Si tienes un empleo, considéralo como un acto de amor al servicio de los demás. Si pasas los días criando a tus hijos y dedicándote a las tareas domésticas, considéralo un acto de amor. Incluso si estás desempleado y tienes demasiado tiempo libre, aún puedes hallar maneras de dar un servicio importante a los demás.

La manera de superar la distracción del ocio es replanteártelo y encontrar una satisfacción altruista en el trabajo.

Sé que el trabajo es complicado y que nunca es perfecto. E incluso si el trabajo por el que te pagan es el bien que estás destinado a aportar al mundo, aun así habrá momentos difíciles, relaciones complicadas y cosas desagradables que debes hacer y que no siempre estarás feliz de hacer. Pero, si trabajas en aquello que te importa, nunca te arrepentirás.

10

Luces parpadeantes

Superar la distracción de la tecnología

Antes de morir, te darás cuenta de que toda tu vida giró en
torno a amar a alguien. Y de que viste demasiada televisión.

Donald Miller

Becoming Minimalist empezó como un blog en la época en que ser bloguero era algo nuevo, y apenas sabía lo que hacía. Más tarde, comencé a
publicar en Facebook y Twitter cuando estaba aburrido una noche, y
empecé a observar el tipo de mensajes que me hacían ganar seguidores
en esas plataformas y cómo podía usarlos para difundir el mensaje del
minimalismo. «Con que así funciona», recuerdo haber pensado. Para ser
sincero, fue simplemente un proceso torpe de adaptación a la tecnología.
Una aplicación, un par de revistas online y cientos de transmisiones en
vivo más tarde, tengo una cosa clara: sin la tecnología moderna, nunca
hubiera podido lograr mi meta de difundir el minimalismo con el mismo alcance que tengo ahora.

Sin embargo, aún hay veces en las que la tecnología no solo no me
ayuda, sino que se interpone en el camino de mis propósitos y mis valores. Por más consciente que sea de este problema, aún me encuentro con
frecuencia perdiendo el tiempo en redes sociales o leyendo una noticia
irrelevante para mí. Tengo que recordarme una y otra vez que debo hacer
clic en el botón rojo para cerrar la página o poner mi teléfono boca abajo.

Si hay algo que merece la etiqueta de «distracción» son las noticias electrónicas, el entretenimiento, la información y los juegos adictivos que nos ofrece la tecnología moderna. (Aunque la mayoría de las veces no oponemos gran resistencia). Todas esas luces parpadeantes, los iconos coloridos y los sonidos llamativos son difíciles de ignorar. La tecnología puede pasar rápido de ser una herramienta a ser una distracción cuando no somos cuidadosos. Al final, puede llevar al arrepentimiento.

La nueva banalidad

Mucho antes de que FAANG (Facebook, Apple, Amazon, Netflix, Google) nos mordiera en el cuello, los seres humanos teníamos la tendencia a preferir lo banal en vez de lo importante. Imagino que la gente solía pasar demasiado tiempo escuchando programas en sus gigantes radios en la sala de estar, o comprando entradas en su cine local o pasando el rato en la piscina. Si retrocedemos aún más, estoy seguro de que a la gente le interesaban las justas (o las carreras de carrozas) más de lo que era bueno para ellos. De hecho, leí un ensayo en la universidad escrito hace dos mil años (durante el Imperio romano) que hablaba de lo tonto que era desperdiciar tus días en el Coliseo viendo a los gladiadores.

Al menos, en otra época teníamos que inventar una excusa para prestar atención a lo banal. Salíamos de casa para ir al bar de la esquina, o nos tomábamos una tarde libre del trabajo para ver un partido. Cuando era niño, íbamos al sótano a jugar videojuegos, porque allí es donde estaban enchufadas las consolas a nuestra televisión. Hoy, puedo sacar mi teléfono en cualquier momento y lugar: en la mesa, en una cita con mi esposa o en el partido de fútbol de mi hijo. Las distracciones que nos alejan de las personas y las cosas importantes (que en general están ante nosotros) están presentes a un nuevo nivel.

En la actualidad, gran parte de nuestras actividades de ocio ha migrado desde el mundo real a nuestros aparatos, lo que hace que la distracción de lo banal esté más presente que nunca. Muchos de los que disfrutan coleccionando objetos guardan ahora publicaciones en Pinterest. Las personas que escribían miles de cartas en el pasado publican ahora de un modo compulsivo. Quienes no se hubieran perdido ni una lucha los viernes están inmersos en el mundo turbio de las apuestas online. Quienes preferían debatir sobre política cara a cara en el pasado publican hoy sus preocupaciones en redes sociales y en las secciones de comentarios.

Y luego están todas las mejoras nuevas que nunca hubiéramos imaginado antes de su aparición: videollamadas, aplicaciones para manipular fotografías, *hashtags* virales, realidad virtual y mucho más.

Así que recurrimos una y otra vez a nuestros aparatos, como los adictos a la heroína.

Nuestro mundo se ha vuelto un *feed* de información y entretenimiento constante. Llevamos nuestro teléfono adondequiera que vamos. Nos conectamos a internet desde miles de ubicaciones. Recibimos sin parar mensajes publicitarios allí donde miremos. Y nos bombardean las noticias las veinticuatro horas.

Cada fragmento de información que entra en nuestra mente tiene un objetivo: controlar nuestra atención y nuestros recursos. A su vez, aparta nuestra atención del trabajo frente a nosotros. Y las distracciones tecnológicas también evitan que nos demos cuenta de cuál es la vida que realmente queremos vivir… y aun así son distracciones que pasan casi desapercibidas.

Nunca hubiéramos esperado que la tecnología se volviera tan invasiva en nuestra vida. Y si bien valoramos sus beneficios, nos preguntamos, con razón, el precio que estamos pagando por estas ventajas. Cal Newport, científico informático, escribió:

«Estas tecnologías han logrado superar los roles menores para los que las habíamos adoptado al principio. Cada vez más, dictan cómo nos comportamos y cómo nos sentimos, y de alguna manera nos fuerzan a usarlas más de lo que consideramos saludable, en general a costa de otras actividades que consideramos más valiosas. En otras palabras, lo que nos incomoda es la sensación de perder el control; una sensación que se intensifica de mil maneras diferentes cada día, como cuando nos distraemos con el teléfono a la hora del baño de nuestros hijos, o cuando perdemos la capacidad de disfrutar de un momento agradable sin la necesidad urgente de documentarlo para la audiencia virtual.

No se trata de utilidad, sino de autonomía.»[1]

Entonces, ¿cómo reconocemos estas inmensas pero sutiles distracciones en nuestra vida? ¿Cómo evaluamos con regularidad el camino de nuestra vida para garantizar que estamos buscando e invirtiendo en lo que más importa? Quizás no es tan difícil como lo imaginamos. Tal vez requiere solo un poco de consciencia y esfuerzo. Y, con frecuencia, el primer paso es darnos cuenta de lo que está pasando.

Cómo las pantallas nos distraen de nuestro propósito

En la encuesta *Things that Matter Survey* preguntamos: «¿En qué medida la distracción que supone la tecnología (juegos/redes sociales/conectividad) te impide cumplir con tus propósitos de vida?». En total, el 57 por ciento de los participantes respondió que «un poco» o «mucho». El 43 por ciento restante quizás no sea consciente de cuánto se entromete la tecnología en sus vidas.

Según el *Nielsen Total Audience Report* de agosto de 2020, el adulto medio estadounidense pasó un total de doce horas y veintiún minutos al día consumiendo pantallas. Por si no te has dado cuenta, eso es poco más de la mitad de las horas del día y tres cuartas partes de las horas que pasamos despiertos. Las dos principales categorías fueron los teléfonos (con tres horas y cuarenta y seis minutos al día) y la televisión (tres horas y cuarenta y tres minutos al día).[2] De media, las personas miran su teléfono cincuenta y ocho veces al día (treinta veces durante la jornada laboral), y cada interacción dura menos de dos minutos.[3]

¿La distracción que supone la tecnología (juegos/redes sociales/conectividad) te impide cumplir con tus propósitos de vida?

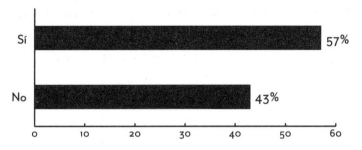

Las cifras son similares en el Reino Unido, e incluso un poco peor. Las encuestas revelaron que los británicos pasan más de 4.866 horas al año (o más de trece horas al día) usando sus dispositivos electrónicos. Esto equivale a 301.733 horas (o ¡treinta y cuatro años!) a lo largo de la vida.

¿Cuánto tiempo pasas tú con tus dispositivos electrónicos? Y aún más importante: ¿Alguna vez has pensado en qué medida esa interacción es productiva y en qué grado va en detrimento de la productividad?

Las cosas que verdaderamente importan, en general, requieren tiempo, energía y concentración. ¿Dedicar nuestro tiempo a ver sin parar películas en la televisión o superar los próximos diez niveles del *Candy Crush* vale la pena? Tal vez, si es que suponen una distracción muy necesaria del estrés de la vida real. Pero es probable que no valgan la pena si estas distracciones se han convertido en un estilo de vida y nos apartan de las metas que hemos identificado como las más significativas para nosotros.

Así es como sucede:

1. El uso excesivo de la tecnología te roba tiempo

Una de las excusas más comunes para no ir en busca de nuestras metas de vida es: «No tengo tiempo». Y cada una de las distracciones que hemos analizado en este libro roba tiempo. Pero la peor de todas en este aspecto es la tecnología.

Si eres como la gran cantidad de la población, te pasarás tres cuartas partes de las horas que pasas despierto interactuando con la tecnología.

Eso, probablemente, incluya las horas del día en las que estás más alerta y en las que podrías ser más productivo. Reduce el tiempo de consumo de pantallas y habrás dado el paso más importante para generar más tiempo que dedicar a objetivos más significativos.

2. El uso excesivo de la tecnología te hace sentir mal contigo mismo

Esto es cierto en el caso de gran parte del entretenimiento y de los anuncios publicitarios, pero el peor agresor aquí son las redes sociales. Si bien pueden ayudarte a mantenerte al día con tus amistades, también pueden llevarte con facilidad a desear tener la vida de otra persona.

¿Podemos ser sinceros? Todo el mundo escribe ficción en las redes sociales. Nadie publica su foto sentado en el sillón comiendo patatas fritas en una casa vacía mientras ve la televisión (a menos que sea el nuevo programa de moda). La mayoría solo publica los mejores momentos de su vida.

Así que, si te sorprendes a ti mismo consultando las redes sociales constantemente y te sientes mal con tu propia vida (deseas tener una casa más grande, unas vacaciones más lujosas, un mejor asiento en un concierto, una familia más atractiva o un bolso más elegante), quizás hayas caído bajo el hechizo de la ficción tecnológica. Déjala a un lado, porque puedes crear una vida nueva y más significativa e importante solo si habitas la realidad de tu vida.

3. El uso excesivo de la tecnología te debilita

Los aparatos electrónicos nos ofrecen beneficios, pero también tienen un coste. Hay evidencia médica de que pasar mucho tiempo frente a la pantalla puede reestructurar nuestro cerebro, con efectos que incluyen «una reducción de la materia gris, problemas con la habilidad de la materia blanca para comunicarse, muchos más antojos y peor desempeño cognitivo general».[4] De hecho, «cuanto más tiempo pasas viendo una pantalla, más riesgo corres de tener depresión».[5] Ver demasiado las noticias se asocia a la presencia de ansiedad.[6] Otros efectos físicos de excederse frente a la pantalla son cansancio visual, aumento de peso, aislamiento, una menor respuesta emocional y patrones de sueño interrumpidos. El exceso de pantallas puede aumentar el riesgo de mortalidad (según un estudio, hasta en un 52 por ciento). Aterrador, ¿no?[7]

Sin embargo, dale la vuelta: reducir el tiempo con las pantallas puede hacer que estés más saludable, que tengas una mayor estabilidad emocional y que pienses con más claridad. ¿Por qué no querrías ser tu mejor versión para ir en busca de las metas que consideras mejores?

4. El uso excesivo de la tecnología hace que seas ineficiente en el trabajo

Incluso si usamos nuestros dispositivos estrictamente para propósitos laborales mientras trabajamos, si lo hacemos de un modo ineficiente, eso puede tener un coste sorprendentemente elevado. Un estudio en el que se investigó el efecto de las interrupciones en el trabajo demostró que, de media, los participantes del estudio tardaban unos veintitrés minutos en retomar una tarea después de una distracción.[8] Así que es posible que ese correo electrónico que distrajo tu atención en medio de otra tarea podría implicar veintitrés minutos de tiempo perdido que podrías haber usado en algo más importante.

La tecnología también afecta a nuestra capacidad de concentrarnos y pensar con claridad, unas aptitudes vitales para el trabajo y para el resto de los ámbitos de la vida. Nicholas Carr, autor de *Las profundidades: lo que internet le hace a nuestro cerebro*, dijo:

«Lo que entregamos a cambio de las riquezas de internet (y solo un cascarrabias se negaría a ver las riquezas) es lo que Scott Karp [bloguero de los medios] llamaría «nuestro viejo hilo de pensamiento lineal». Tranquila, atenta, sin distracciones, la mente lineal queda a un lado, apartada por un nuevo tipo de mente que quiere y necesita absorber y distribuir la información en exabruptos breves, desconectados y, en general, superpuestos: cuanto más rápido, mejor.»[9]

Cal Newport se hizo eco de esto diciendo que, sin importar lo valiosa que sea nuestra conectividad digital, no podemos perder la capacidad de hacer lo que él llama «un trabajo profundo»: la capacidad de concentrarnos sin distracciones en una tarea cognitiva exigente.[10]

Como vimos en el capítulo anterior, el trabajo está muy relacionado con nuestro propósito y nuestras metas de vida, y aunque nuestro trabajo remunerado no sea el trabajo de nuestros sueños, se merece nuestro mayor esfuerzo porque es un modo de amar y servir a los demás. Controlar nuestro uso innecesario de la tecnología mientras trabajamos es un modo *inmediato* y *garantizado* de estar más presente en el trabajo.

La tecnología es la última distracción que analizaremos en este libro, el último obstáculo que debemos superar. A diferencia de las distracciones como el miedo y la búsqueda egoísta de la felicidad, la tecnología llega a nosotros desde fuera en vez de surgir de nuestro interior. Pero tiene una forma dañina de entrar en nosotros y cambiar nuestra mentalidad, nuestro corazón y nuestra voluntad. Es bastante dominante e influyente, y no podemos darnos el lujo de asumir que no pasa nada o que podemos manejarla. Debemos decidir quién será el dueño de nuestras vidas: nosotros o la tecnología.

Según Eric Barker, escritor de temas de empresa, Newport «cree que la capacidad de permanecer concentrado será el superpoder del siglo xxi».[11] Piensa cuánto te distrae la tecnología y creo que empezarás a estar de acuerdo con que Eric Barker no está exagerando.

El lado oscuro de la tecnología

Bonnie Dumaine es una cariñosa madre con dos hijos adolescentes y vive en Hershey (Pensilvania), donde trabaja junto a su esposo como celadores en una escuela local. Me describió cómo la tecnología influía en ella y en las personas a su alrededor:

«Cuanto más pensaba en la influencia de la tecnología en mi vida, más empezaba a ver su lado dañino. Por ejemplo, he notado que consultar publicaciones en las redes sociales sin pensar todos los días afecta de modo negativo a mi percepción, mi autoestima, mi atención y mi humor. Sé que todos están publicando casi de modo exclusivo los aspectos positivos de sus vidas, pero aun así es difícil escapar de los celos, la comparación y la tristeza que siento porque mi realidad no puede competir con eso.»

Bonnie está ocupada con el trabajo y la familia. La tecnología no le hace ningún bien cuando acaba controlando sus horarios.

Me dijo: «La disponibilidad constante de Netflix, Hulu y otros sitios de *streaming* me distrae fácilmente y dejo de ser productiva, además de que me suelo quedar atrapada como una adicta mirando varios programas sucesivos. Procrastino las cosas que necesito hacer y luego me siento culpable. O me acuesto muy tarde y no soy mi mejor versión por la mañana. Incluso los juegos, que parecen una diversión inocente, suelen consumir mi tiempo y mi atención con demasiada frecuencia, más de lo que quiero».

Bonnie ha notado que la tecnología también ha impactado en sus amigos y su familia:

«Veo que mis amigos intentan estar al día de las últimas tendencias, que cambian constantemente. Mi esposo y yo siempre ayudamos a nuestros padres a aprender a usar la última tecnología o las últimas actualizaciones. Y mis hijos, que no han tocado un juguete en años, encuentran noticias y tendencias de estilo de vida a cada hora, las publican y luego las borran a causa de sus inseguridades, y temen estar perdiéndose de algo si no están conectados a un teléfono por un período breve de tiempo. Pasan menos tiempo con gente porque están «con» sus amigos en un juego o en una aplicación todo el tiempo.»

Esta mujer está lo suficientemente alerta como para darse cuenta de que ella y las personas a las que más quiere están perdiendo el control de sus vidas por el atractivo que tiene la tecnología. Creo que la mayoría de nosotros podemos identificarnos rápido con sus reacciones. Es hora de tener miedo, mucho miedo.

Diseñado para ser adictivo

En *Minimalismo digital*, Cal Newport dijo: «Añadimos más tecnología a la periferia de nuestra experiencia por motivos sin importancia, y luego despertamos una mañana y descubrimos que han colonizado el centro de nuestra vida diaria. En otras palabras, no aceptamos ser parte del mundo digital en el que hoy estamos atrapados; parece que nos hemos topado con él a ciegas».[12] «Nos hemos topado con él a ciegas»: suena a cómo yo mismo empecé a bloguear y a usar las redes sociales.

«Tropezar a ciegas» suena inocente, casi pintoresco. Pero no lo es. Nuestra adicción a la tecnología es un asunto serio.

Newport continuó ofreciendo una descripción interesante de lo que acababa de decir: «Quizás es más preciso decir que nos *empujaron* al mundo tecnológico las empresas de aparatos modernos y las grandes compañías centrados en la economía, que descubrieron que hay grandes fortunas que ganar en una cultura dominada por aparatos y aplicaciones».[13]

¿Por qué pasamos tanto tiempo con nuestros dispositivos electrónicos? Porque algunas de las personas más inteligentes del mundo están trabajando mucho para asegurarse de que así sea. Lydia Belanger, periodista, afirmó:

«Desde las notificaciones automáticas y los recordatorios a las encuestas y los programas de recompensas, la tecnología tiene el poder de manipularte y hacerte pensar y actuar de maneras específicas en momentos específicos.

El diseño adictivo te mantiene enganchado, los algoritmos filtran las ideas y las opciones a las que te expones, y la recopilación de datos que dejas a tu paso vuelve para acosarte (o cazarte) más tarde».[14]

Los diseñadores de tecnología saben lo que hacen cuando nos dan luces y colores simples, sonidos y respuestas táctiles (vibraciones u otros movimientos que sentimos). Otras técnicas que usan son los anuncios personalizados, que se han probado en tiempo real una y otra vez, videos recomendados, programas de intervalo variable (recompensas aleatorias, como en las tragaperras), nuevos niveles y logros, y reciprocidad social (por ejemplo, si añades a alguien a tu red de LinkedIn, obtienes acceso a sus conexiones).[15]

¿Por qué pasamos tanto tiempo con nuestros dispositivos electrónicos? Porque algunas de las personas más inteligentes del mundo están trabajando mucho para asegurarse de que así sea.

Adam Alter, profesor de psicología y marketing de la Universidad de Nueva York, declaró que la forma en que la tecnología nos absorbe es comparable a la adicción a las sustancias. Es una adicción conductual. «La era de la adicción conductual aún está en sus inicios —escribió—, pero hay señales tempranas que indican la existencia de una crisis. Las adicciones son dañinas porque anulan otras búsquedas esenciales, desde el trabajo y el juego a la higiene básica y la interacción social».[16]

Nir Eyal, en su libro titulado *Hooked: How to Build Habit-Forming Products* («Enganchados: cómo crear productos que crean hábitos»), redactó un manual que muchas empresas usan para captar y sostener nuestra atención, para convertirse en una distracción para nosotros y una fuente de ganancias para ellos.

Él distribuye la heroína.

Pero también vende la metadona.

Lo digo porque su siguiente libro se titula *Indistractable: How to Control Your Attention and Choose Your Life* («Imposible de distraer: cómo controlar tu atención y elegir tu vida»). Trata de cómo resistirse a los productos adictivos que otros producen para poder trabajar y disfrutar de tu autonomía.

Con respecto a lo irónico que resulta comparar sus libros, Eyal escribió:

«Las empresas que fabrican sus productos para que sean más atractivos no son necesariamente el problema; el progreso es el problema.

Pero también hay un lado oscuro. Como dijo el filósofo Paul Virilio: «cuando inventas el barco, también inventas el naufragio». En el caso de los productos y servicios fáciles de usar, lo que hace atractivos y accesibles algunos productos también los convierte en distracciones.

A muchas personas, estas distracciones se les pueden ir de las manos y dejarlas con la sensación de que sus decisiones no les pertenecen. El hecho es que, en la actualidad, si no estás preparado para lidiar con la distracción, tu cerebro será manipulado por distracciones que te hagan perder el tiempo.»[17]

A continuación, Eyal señala que esta ingeniería digital puede tener un efecto peligroso en la sociedad en general.

Tristan Harris, exespecialista en ética del diseño en Google, lo explicaba así: «Un modelo de negocio que está impregnado de la infraestructura de las comunicaciones sociales de la que dependen tres mil millones de personas no está alineado con la fibra social y supone específicamente una suerte de amenaza existencial para la democracia y para una sociedad funcional».[18]

La amenaza existencial que supone la tecnología para la sociedad es un reflejo de la amenaza existencial que supone para el tipo de persona en la que queremos convertirnos. Me preocupa que, si la usamos en exceso y vivimos sin propósito distraídos por nuestros dispositivos, lleguemos a nuestros últimos días preguntándonos por qué desperdiciamos tanto tiempo.

Si la tecnología se ha vuelto la tirana de nuestras vidas es, en gran parte, porque los expertos la han creado así a propósito. Pero en vez de culpar a otros (no hay oportunidad de cambiar al echar la culpa), aceptemos la responsabilidad que tenemos por someternos a la tiranía de la tecnología. Y trabajemos para liberarnos de la influencia de todos esos dispositivos astutos llenos de luces parpadeantes.

La rebelión empieza aquí

Si la tiranía de la tecnología te distrae y te impide ir en busca de aquello que te importa (o incluso si simplemente te has hartado y cansado de que te manipulen los maestros de los medios y el entretenimiento), tengo una palabra para ti: rebelión.

Abramos los ojos y démonos cuenta de lo que sucede, y atrevámonos a controlar la tecnología en nuestra vida en vez de permitir que ella nos controle. Y hagámoslo con un mayor propósito en mente: centrarnos más en las cosas que más nos importan. Llevemos con orgullo la etiqueta de *rebeldes tecnológicos* y recuperemos nuestra vida y nuestro futuro.

Esto no se va de aplicar trucos, como desactivar las notificaciones o usar una aplicación para monitorizar el uso de otras aplicaciones, aunque hay un lugar para todo eso y pronto hablaremos al respecto. Lo más importante son las estrategias para derrocar la influencia emocional y psicológica que tienen nuestros dispositivos en nosotros.

Rebélate contra la tiranía de la tecnología.

Haz una desintoxicación digital

Una vez al año me tomo un largo descanso de la tecnología. Cuando hago ayuno tecnológico, inevitablemente descubro que soy más adicto de lo que pensaba. Pero así es la naturaleza de la adicción, ¿no? Nunca podemos ser totalmente conscientes de la magnitud de nuestra adicción hasta que nos quitan ese objeto de deseo. El único modo de descubrir de verdad la influencia controladora que tiene la tecnología en nuestra vida es apagarla, alejarte y sentir lo fuerte que es la necesidad de encenderla de nuevo. Cada vez que hago una desintoxicación digital, resulta ser un potente reinicio para mí y mi relación con la tecnología y lo que ofrece.

El único modo de descubrir de verdad la influencia
controladora que tiene la tecnología en nuestra vida
es apagarla, alejarte y sentir lo fuerte que es la
necesidad de encenderla de nuevo.

Nunca tuve ninguna alergia o intolerancia a ninguna comida, como los lácteos o el gluten, pero he tenido amigos que se enfrentan a ese tipo de desafío. Suelen pasar por un período de «limpieza» en el que no comen el alimento que sospechan que les causa problemas: ni una gota o ni una migaja. Luego, poco a poco, reintroducen la comida para ver cómo los afecta. Y a partir de allí, deciden qué acción tomar.

Eso es lo que recomiendo que hagas con tu uso personal de la tecnología. Tómate un descanso. Luego, reintrodúcela despacio a un nivel saludable... y detente.

¿Por qué no empiezas una desintoxicación digital de veintinueve días? Claro que es posible hacerla con éxito durante distintos plazos de tiempo, pero he observado que veintinueve días parecen dar a la gente la cantidad justa de tiempo para abstenerse de la tecnología y verla desde otra perspectiva.

Cuando estás haciendo una desintoxicación digital, hazla lo más extensa posible. Entiendo que hay excepciones. Quizás necesitas tu correo electrónico para trabajar. Quizás tienes adolescentes con permiso de conducir y quieres tener encendido tu teléfono cuando salen de la casa. Pero, aun así, durante la desintoxicación, ¿puedes abstenerte por completo de las redes sociales? ¿O apagar la televisión? ¿O no jugar a ningún videojuego? ¿O permitir que los titulares griten fatídicas noticias sin prestarles atención alguna? (Estarás bien, créeme).

Cuanto más puedas reducir tu uso, más efectivo será el ejercicio. Y no te rindas antes de que pasen los veintinueve días. Al fin y al cabo, estamos hablando de una rebelión. No seas un rebelde tecnológico débil.

~~~~~~

Cinco señales de que tal vez necesitas una desintoxicación digital

1. *Pasas más tiempo del que tienes pensado en tus dispositivos.*
La tecnología puede ser como las arenas movedizas: es pegajosa y puede ser difícil escapar de ella. ¿Acaso no todos nos hemos quedado enganchados después de un artículo y nos hemos quedado ahí para leer otro, comentar y compartir? Haces clic en un artículo que debería llevarte solo de cinco a diez minutos de tu tiempo, pero ¿y si continúas mirando las noticias de Facebook después? Antes de que te des cuenta, te habrás pasado de quince a veinte minutos mirando la pantalla sin pensar.

Malgastar el tiempo es una consecuencia directa y evidente de los juegos, las webs y las aplicaciones creadas para captar la atención. Tal vez te resulte más fácil interrumpir este hábito y luego empezar de nuevo que solo intentar reducirlo.

2. *Te sientes culpable o insatisfecho después de pasar tiempo en tus dispositivos.*
Cuando como una bolsa de patatas fritas, de inmediato siento la sal en la lengua. Después, la sal desaparece y queda el aceite. El residuo se aferra a mis dedos. Pero, cuando como esas calorías vacías de más, me siento insatisfecho.

El uso de la tecnología tiene una curva similar entre recompensa y arrepentimiento. Cada página web y cada artículo aporta una pepita de gratificación instantánea. Si son demasiadas, tiendo a arrepentirme de haber usado así mi tiempo.

Si te llenas de emociones negativas después de pasar un rato usando la tecnología, esa es una señal nada sutil de que necesitas un descanso tecnológico.

3. *Te motiva el miedo a perderte algo.*

El FOMO, por sus siglas en inglés Fear Of Missing Out, es decir, «miedo a perderse algo»), es una forma reconocida de ansiedad social que ha empeorado en nuestra época. Es la preocupación de que otros puedan estar divirtiéndose online sin que estés presente. «Si no estoy viendo ese video o ese *feed*, seré el perdedor que no está al corriente de esa cosa genial que está sucediendo».

La verdad es que siempre te perderás algo. Siempre hay más cosas en las que podemos participar, pero el tiempo es limitado y estar más ocupado no es la respuesta. Para aprender por tu cuenta esta verdad, rebélate y piérdete a propósito la comunicación y el entretenimiento.

Durante los veintinueve días de ayuno tecnológico, puedes dar a las personas más importantes para ti un modo de contactarte en caso de emergencia. Todo lo demás puede esperar.

4. *Tu experiencia te insta a revisar una y otra vez.*

El simbolito rojo te dice que tienes quince correos nuevos. ¿Y si son importantes? ¡Será mejor que los revises ya!

Sí, estabas en Facebook hace media hora. Pero en ese tiempo han pasado muchas cosas en tu *feed*.

Ya has leído por encima los titulares de tu canal de noticias favorito muchas veces, pero, desde la última vez, quizás ha aparecido en tus notificaciones una alerta de una noticia nueva.

Descubre cuánto más puedes hacer si dejas de interrumpir tu concentración y lo innecesaria que es casi toda la información que revisabas de modo obsesivo.

5. *Nunca tienes suficiente tiempo en tu día.*

Una vez, estaba hablando con mis hijos en la cocina sobre la distracción de la tecnología. Ellos tomaron sus teléfonos y comentaron cuál era su tiempo en pantalla y sus aplicaciones más usadas.

«¿Qué hay de ti, papá?», preguntó Salem.

Por supuesto que, para ser justo, tuve que fijarme. Lo que descubrí aún me perturba. Había usado mi teléfono más de cincuenta veces ese día. Había pasado más de dos horas en mi correo, en mis redes sociales, enviando mensajes de texto y navegando por internet. Si bien gran parte era por trabajo, igual era mucho más de lo que habría supuesto o que habría podido justificar.

A fin de cuentas, no es raro sentir que has estado muy ocupado. Las ocupaciones y el estrés son reales, pero ¿y si reducir tu uso de la tecnología te ayudara a sentirte más tranquilo y disponible para lo que verdaderamente importa?

Elige aportar en vez de consumir

Permíteme que te haga una potente pregunta que te ayude a restablecer tus hábitos tecnológicos de un modo mejor después de tu desintoxicación digital: «En internet, ¿estoy aportando algo útil al mundo o solo estoy consumiendo cosas que otros han aportado?».

¿Alguna vez has pensado en lo pasivo que es nuestro uso de la tecnología la mayor parte del tiempo? Leemos lo que otro escribió. Vemos videos de otras personas. Jugamos a algo creado por otro, literalmente siguiendo sus reglas.

En internet, ¿estoy aportando algo útil al mundo o solo estoy consumiendo cosas que otros han aportado?

Consumir constantemente contenido de los medios de comunicación sin contribuir mucho supone una gran parte de nuestro actual dilema de ser esclavos en vez de agentes libres en lo que respecta a la tecnología.

Repito, tal vez no haya nada malo en ver un evento deportivo en la televisión o ver videos graciosos con tus hijos. Pero es *muy* fácil excederse. Imagino que tiene algo que ver con el hecho de que consumir lleva menos energía mental que contribuir. Además, si estamos estresados, puede tranquilizarnos, así que se convierte en el tipo de distracción que necesitamos.

¿Te has identificado con esta retahíla de cosas? Al menos yo sí. Pero no se trata de sentir culpa, sino de empezar una rebelión contra el poder que estas actividades tienen para absorbernos y consumir nuestro tiempo.

Si vas a conectarte online, prioriza ser creativo o contribuir con algo valioso:

* Escribe blogs que expresen ideas útiles.
* Comparte tus fotografías o tu arte de un modo que no fomente celos a propósito.
* Aprende algo que puedas implementar.
* Enseña algo en lo que seas experto.
* Anima a un amigo que está bajo de ánimos.
* Publica imágenes o citas que inspiren a otros.
* Da «me gusta» a una publicación (los «me gusta» son gratuitos, y cada uno es como un regalito o una afirmación).
* Envíale un mensaje a alguien que se siente solo.
* Comparte un artículo reflexivo.
* Recomienda películas o libros valiosos.
* Haz una recaudación de fondos para una causa.
* Comunica las necesidades de otros (por ejemplo, un vecino que está enfermo y podría recibir ayuda en fonda de táperes de comida).
* Publica imágenes de pertenencias que quieras donar.

Si lo que haces en tu tiempo online contribuye al bienestar de otros, entonces es tiempo bien invertido. Incluso puedes ayudar a cambiar la cultura de las plataformas que usas, al menos para tus amigos y para tu círculo de influencia, si eliges contribuir con mensajes positivos: eso es lo que yo intento hacer. En vez de ser un observador pasivo, crea algo positivo.

Después de todo, al final de nuestra vida queremos ser capaces de recordar nuestras decisiones con orgullo. Eso incluye las decisiones que tomamos para usar la tecnología en positivo.

Considera la tecnología como una herramienta, no como un juguete

No hay nada malo en ver un episodio de *The Office* por la noche... a menos que sea cuando tu hija quiere contarte algo sobre su día.

Nadie puede culparte por tomarte un descanso de tu trabajo para leer un artículo online... a menos que tengas que cumplir con una fecha de entrega o que haya ante ti una oportunidad importante para causar impacto.

Ver el fútbol los domingos no es inmoral... pero dejar a tu familia tres noches a la semana para salir con tus amigos y tomar algo en el bar quizás lo es.

A veces, el entretenimiento es una distracción merecida para descansar de un estilo de vida atento. Otras veces es un escape injustificable de la realidad.

Así que, después de elegir la contribución en lugar del consumo, otro principio para ayudarte a reiniciar tu relación con la tecnología de un modo saludable es usar la tecnología menos como un juguete y más como una herramienta. En otras palabras, reduce tu interacción con la tecnología en el área del entretenimiento, en especial el entretenimiento tonto o que no nos hace pensar.

Por ejemplo:

- Correos electrónicos y mensajes de texto que mantienen tus vínculos con familiares que están lejos: sí.
- Horas viendo videos de bromas: no.
- Investigación online sobre un área en la que quieres aumentar tu conocimiento profesional: sí.

- Buscar artículos de opinión que solo te enfadarán y luego criticar a los autores en los comentarios: no.

Solo tú puedes decidir cuánto tiempo es razonable dedicar al entretenimiento sin valor que te distrae. Solo tú puedes decidir cómo la tecnología puede ayudarte a convertirte en una mejor persona y en un luchador más efectivo por tu causa. Pero recuerda esto: un rebelde tecnológico obtiene poder rechazando lo banal, lo superficial, lo frívolo, lo odioso, lo pecaminoso, lo tonto y lo mezquino. No alimentes al monstruo que quiere devorarte.

Aplica los trucos

Cientos de blogs y artículos ofrecen trucos para limitar la tecnología. Quizás ya hayas probado algunos sin mucho éxito. La razón por la que no funcionó en el pasado tal vez es que no te enfrentaste a la filosofía más profunda que yace debajo. Te aliento a que lo intentes de nuevo.

Pero primero, empieza con la desintoxicación digital de veintinueve días. Y luego piensa en el potencial para contribuir en internet en vez de solo consumir y usar la tecnología como una herramienta más que como un juguete. Después, intenta añadir uno o dos de estos consejos para ayudarte a tener éxito y mantener límites sanos.

Algunos de los métodos prácticos que las personas han usado con éxito incluyen cosas como:

- Cultiva el hábito de alejarte de tu teléfono cuando llegas a casa.
- Crea áreas libres de tecnología en tu casa.
- Desactiva las notificaciones.
- Revisa tu correo dos veces al día.
- Reduce la cantidad de aplicaciones en la pantalla de inicio de tu teléfono.
- Usa una aplicación para bloquear un dispositivo después de cierto período de tiempo.
- Y muchas más.

No hay una guía que funcione para todo el mundo. Además, con los cambios de la tecnología en el tiempo, también cambian las técnicas que los rebeldes como nosotros debemos usar para combatirla.

Así que ponte reglas: sé tu propio guardián. Elige cómo usarás la tecnología en vez de permitir que los titanes tecnológicos decidan por ti. Haz más cosas que te hagan olvidar revisar el teléfono.

Para guías más específicas, te recomiendo los libros *Minimalismo digital* y *A World Without Email* de Cal Newport.

¿Es posible una vida sin redes sociales?

Kinsley Smith es una madre con cuatro hijos que vive en un pueblo de Pensilvania. En 2017 hizo algo que para muchos de nosotros sería inimaginable: borró sus redes sociales y nunca volvió atrás.

Algunos podrían describir a Kinsley como una persona ambiciosa clásica. Se graduó siendo la mejor de su clase en medicina y empezó a estudiar un máster, todo mientras trabajaba como directora ejecutiva de un centro comunitario local. Luego nació su primer hijo, y decidió dedicarse a la maternidad exclusivamente en vez de a un empleo a tiempo completo. Al principio, solo era una decisión temporal. «Mi esposo tenía un trabajo estable —dijo—. Así que decidí que descansaría un año del trabajo y sería madre y ama de casa. A final de ese año, quedé embrazada de nuestro segundo hijo y decidí que estar en casa con mis niños era el trabajo más importante que podía hacer durante esa etapa de la vida».

Pero ser madre a tiempo completo es un trabajo arduo y estresante, y no es una transición fácil pasar de ser alguien ambicioso con mucha libertad a ser una mamá ama de casa cuyo plan diario depende de dos pequeños seres humanos que ni siquiera pueden hablar.

Cuando le pregunté al respecto, Kinsley me dijo:

«Noté que usaba mi teléfono cada vez más para aliviar la tensión: acudía a las redes sociales con la esperanza de que le dieran calma a mi vida. A veces, incluso me escabullía al baño para estar sola un momento.

Pero las redes sociales nunca me dieron el alivio que deseaba. De hecho, empeoraron las cosas. Había empezado a usar las redes y a ver que muchos de mis amigos de la escuela tenían la vida que yo antes creía que quería. Veía las vacaciones que hacían. Sentía que me causaba envidia y malhumor.

Recuerdo una tarde en la que acosté a mi hijo mayor para una siesta y comencé a amamantar a mi hijo menor. En esa quietud tomé mi teléfono y comencé a deslizar. En un momento, bajé la vista y mi bebé estaba mirándome. Pero ni siquiera me había dado cuenta porque estaba mirando el teléfono.

Sabía que no quería ser una madre así. Cuando mi bebé me miraba, quería que viera mis ojos devolviéndole la mirada. Y no quería que mis hijos sintieran que me molestaban cada vez que interrumpían a mamá cuando usaba el teléfono.

Al principio, el plan era abandonar las redes sociales durante tres meses. Durante los primeros tres meses, sentía un síndrome de abstinencia provocado por mi teléfono. Muchas veces solo quería usarlo para ver qué estaba pasando. Pero eso fue una alarma que indicó que mi vínculo con las redes sociales no era saludable. Así que decidí extender mi experimento a un año. Y luego permanentemente.»

No todas las desintoxicaciones digitales terminarán en una separación permanente de las redes sociales. Pero en el caso de Kinsley ha valido la pena:

«Soy mucho más feliz y disfruto mucho más de mi vida. No me había dado cuenta de lo solitaria que se había vuelto mi alma, de que la envidia, la competitividad y la ineptitud estaban presentes en mi vida por culpa de las redes sociales. Tampoco de cuánta presión me ponía a mí misma para intentar centrarme en todos los temas que los *influencers* y otras personas que conocía me decían que necesitaba tratar con importancia. Ahora soy capaz de centrarme mejor en lo que más me importa.»

Desconectar para reconectar

Recuerda que no solo estás rebelándote contra la tiranía de la tecnología en tu vida, sino que estás luchando por las personas y las causas que más te importan.

Si bien las distracciones banales no son nada nuevo (la televisión existe hace setenta años; la radio, hace un siglo), muchas de las maneras en que la tecnología nos distrae de lo que verdaderamente importa son tentaciones nuevas a las que nos enfrentamos. Y necesitamos controlarlas en nuestra vida, antes de que nos controlen a nosotros.

Hay algo seguro: los líderes de la tecnología no dejarán de luchar por nuestra atención, nuestro tiempo y nuestro dinero. Debemos aprender a defendernos de un modo responsable si queremos tener una vida significativa.

Quiero reiterar que creo que podemos usar la tecnología para bien. Este capítulo no pretende que la erradiquemos por completo de nuestra vida. Como he dicho, en muchos sentidos hoy hago lo que hago solo gracias a la tecnología. Y si estás leyendo este libro porque me conociste a través de mi blog, de mi canal de YouTube o de mis redes sociales, eres un ejemplo de cómo la tecnología me ha permitido marcar la diferencia en el mundo.

Pero pongámoslo en perspectiva. Cuando la gente aprendió a hacer fuego, la humanidad tuvo que adaptarse. Era una herramienta maravillosa con infinitas posibilidades: iluminar por la noche, calentar el cuerpo, cocinar alimentos, desinfectar el agua y forjar el acero. Sin embargo, también podía quemar la piel, consumir los cultivos y destruir ciudades y bosques enteros con su poder. El fuego podía utilizarse como una herramienta para mejorar la vida o, sin control, podía destruir la propia vida.

En la actualidad, nos enfrentamos a un punto de inflexión similar con respecto a la tecnología. Sin duda, habrá un período de evaluación de lo que es saludable y lo que vale la pena en lo relativo a la tecnología, los nuevos medios de comunicación y las redes sociales. Y habrá un período de evaluación sobre qué es perjudicial y nos roba el alma. Mi suposición es que, con el tiempo, la humanidad aprenderá a usarla para bien, tal como lo hemos hecho con avances técnicos previos. Pero, mientras tanto, debemos hacer lo posible para usar la tecnología como una herramienta que aporta valor en vez de como una distracción.

Usa con intencionalidad cada plataforma e interacción tecnológica que tengas. Toma recesos conscientes para reevaluar el rol que tiene en tu vida, para ver si apagar tus dispositivos es una manera de impulsar tu propósito.

Rebélate contra las motivaciones oscuras de las empresas tecnológicas que se aprovechan de tu atención y tu información. Y, al final, usa la tecnología para difundir causas que te importen en vez de usarla para descentrarte y distraerte.

CUARTA PARTE

EL FINAL DEL LIBRO, EL INICIO DE UNA VIDA CON MÁS SENTIDO

11

Vive la historia que quieres contar

Y espera sorpresas

Hurga lo suficiente en cada corazón y lo encontrarás:
el anhelo de significado, la búsqueda del propósito.
Al igual que un niño respira, un día se preguntará:
¿Cuál es propósito de mi vida?

Max Lucado, *One God, One Plan, One Life*

En este último capítulo es como si mi mano saliera del libro para estrecharte tu mano. ¡Enhorabuena! Has comenzado a lidiar con las mayores distracciones para lograr las cosas más importantes en tu vida. Me resulta difícil pensar en nada que sea más gratificante que eso. Y sabes tan bien como yo que no todo el mundo está dispuesto (o al menos preparado en este momento) para hacer el esfuerzo de descifrar cómo alinear su estilo de vida con sus intenciones. Pero tú sí que estás haciéndolo. Por un instante, disfruta de la satisfacción de ver lo lejos que has llegado.

Los obstáculos internos como el miedo, la culpa y la vergüenza... Buscar la felicidad tratando de cumplir deseos egoístas... La tentación de aferrarse al dinero que otros tal vez necesitan más que nosotros y la acumulación de cosas que se interpone en el camino hacia una vida con propósito... El modo en que perdemos el rumbo viviendo a expensas de la aprobación de los demás y pensando que el ocio es lo más importante... Y, claro, todos los dispositivos electrónicos que permitimos que acaparen nuestra atención durante todo el día. Estas son las cosas de las que te he revelado su verdadera naturaleza: se trata de distracciones que tienen el poder de darte una vida de la que te arrepentirás si se lo permites. Pero ahora no lo harás.

Estoy seguro de que entiendes que terminar este libro no es el final de la lucha contra las distracciones. Como hemos visto, nada, excepto la muerte, será el final de esa batalla. Pero la lucha es distinta cuando entiendes con claridad quiénes son tus adversarios. Y cuando entiendes cómo combaten tu propósito. Y cuando estás preparado para arrancarlos de raíz, apartarlos y silenciarlos.

Incluso en esos casos, apartar las distracciones no es el máximo objetivo de todo esto. El objetivo principal es vivir con intención y propósito. Así que aprovecha el modo en que has tomado el control sobre las distracciones en tu vida. Ocúpate de las cosas que verdaderamente importan.

Será un gran viaje. Y debo decirte que tal vez no irá exactamente como esperas.

Cimas falsas

Con sus 3.852 metros de altura, el pico Humphreys es la montaña más alta de Arizona, y a mi amigo y a mí nos pareció un buen desafío cuando quisimos llevar a nuestros hijos a una aventura extenuante. El camino de dieciséis kilómetros hasta la cima de esta montaña aislada está calificado como «muy difícil» por los senderistas.

Cuando los cuatro superamos el límite de árboles después de varias horas caminando, seguimos la cordillera principal y, al cabo de un rato, llegamos a una subida más empinada donde veíamos la cima. Pensé, aliviado: «Uf, solo un poco más de esfuerzo y ya terminaremos, porque ahí está la cima».

Pero cuando alcanzamos esa cima, me decepcioné al ver que el sendero continuaba. Había otra cima más adelante.

«Ah, es cierto», pensé. Recordé el cartel que había visto al inicio del sendero que mencionaba que había «cimas falsas». Ese era el aspecto de una cima falsa. Una cima falsa, en especial en una escalada difícil, puede impactar mucho en la psique del senderista. «Ahora entiendo por qué han puesto el cartel en la parte de abajo», pensé.

Lo mismo sucedió una y otra y otra vez: pensaba que habíamos alcanzado la cima, solo para darme cuenta de que nuestro auténtico destino aún estaba más adelante. Habíamos alcanzado otra cima falsa.

Después de un rato, llegamos a la cima redondeada del pico Humphreys y disfrutamos de la vista de 360 grados, con Flagstaff acurrucado en su bosque hacia el sur y el terreno desértico multicolor que se extendía hacia el norte, hacia el Gran Cañón.

Las cimas falsas en una montaña te hacen creer que has llegado al final del sendero; pero no, aún queda camino que recorrer. En mi caso, admitiré que cada cima falsa que vimos (incluso cuando la esperaba) me causaba pesar. Y cada cima falsa me obligó a reforzar mi determinación y a estar dispuesto a continuar, avanzar y dirigirme hacia la cima.

Lo mismo sucede cuando nos embarcamos en el camino intencional de poner nuestra vida al servicio de lo que verdaderamente importa. No es tan simple como ir de un lado a otro. Si las rutas tienen frecuentes altibajos, pueden hacer que nos preguntemos si estamos avanzando. Los puntos panorámicos agradables proveen lugares naturales donde parar y disfrutar de la vista que hemos alcanzado. Otras veces, simplemente necesitamos detenernos y recobrar el aliento, recuperar energía con los bocadillos que llevamos u observar los carteles del sendero para ver si aún estamos avanzando en la dirección correcta. Y luego están las cimas falsas en nuestras arduas búsquedas.

Que las personas leyeran mi blog *Becoming Minimalist* no era mi destino final una vez empecé a vivir con determinación como minimalista. Solo fue el comienzo. No tenía ni idea de cuál sería la siguiente cima. Después de empezar a usar las redes sociales para bien, de pronto surgieron libros que quería escribir. Luego vi la oportunidad de impartir un curso para reducir el volumen de pertenencias, donde podía dar una atención más personalizada a quienes querían tener menos cosas, pero les resultaba difícil lograrlo con éxito. Aunque no se me había ocurrido antes, al final crear una aplicación era lógico también.

Y ¿por qué ceñirme solo al minimalismo? Gracias a mi sencillo modo de vivir, tenía el tiempo y el dinero para invertir en otro ámbito de la necesidad humana completamente distinto al exceso de pertenencias: de ahí surgió mi organización sin ánimo de lucro, The Hope Effect, que se ocupa de niños huérfanos en sus años de desarrollo claves. Y ni siquiera he empezado a mencionar el orgullo que siento de ser un padre atento y presente para mis hijos y un esposo fiel para mi esposa.

En la actualidad estoy haciendo cosas que marcan la diferencia en el mundo de modos que nunca preví o soñé hace una o dos décadas. Le doy el crédito de mis logros a vivir con intencionalidad. Eso ha implicado apartar las distracciones que me hubieran mantenido clavado en mi sitio, o que al menos hubieran ralentizado mi avance. Ahora veo el futuro con entusiasmo y como algo lleno de posibilidades. Te lo juro, esto es mucho más divertido que comprar una casa más grande, conducir un coche más lujoso o planificar unas vacaciones más exóticas.

Puede que tengas un objetivo concreto y un camino simple para alcanzarlo. Pero es mucho más frecuente, en mi experiencia, que las personas cambien de rumbo no solo una, sino varias veces, al ver que hay mejores cosas por delante. Más allá de la montaña Lo Que Importa, yace la montaña más alta: Nuevas Cosas Que Importan. El propio viaje te trae nuevos destinos. Cuando apartamos las distracciones y alcanzamos una cima significativa (una meta que hemos cumplido), no debería sorprendernos que haya cimas más altas después. No nos cansaremos. Nuestra fuerza aumentará. Porque reconoceremos los picos que están por llegar como oportunidades maravillosas.

Seamos aventureros, ¿vale? Preparémonos para el viaje que va de pico en pico hacia lugares que nunca imaginamos.

Abriendo los ojos para ver

Quizás te has preguntado por qué yo (alguien que no fue huérfano y que no conoció a demasiados huérfanos) me interesé por el cuidado de los huérfanos y lo convertí en uno de mis propósitos de vida. En parte fue porque mi esposa, Kim, me contó su experiencia como niña huérfana. En parte porque mi pastor, Joe Darago, se refería sin parar a los huérfanos en sus sermones. Es decir, por raro que fuera, hablaba sin parar de los huérfanos. ¿Por qué lo hacía?

Un día le pregunté a Joe por qué el bienestar de los huérfanos era un tema tan apasionante para él y me contó su historia.

Hace veinticinco años, Joe y su esposa tenían un hijo biológico y, una noche concreta, Joe sintió la llamada de adoptar a un niño de un país extranjero. En relativamente poco tiempo, con la apertura de varias puertas, la pareja adoptó a una niña de Corea del Sur.

Quince años después de adoptar a su hija coreana, adoptaron a otra niña, esta vez de otro país asiático. Su situación en la infancia había sido muy diferente a la de su hermana mayor. Desde que nació hasta que cumplió los ocho años, esa niña había vivido en un orfanato, donde no recibía casi atención personalizada o educación porque los dueños del orfanato no creían que fuera lo bastante inteligente para aprender.

Hoy, Joe y su esposa aman por igual a las dos niñas, pero cada día despiertan y ven ante sus propios ojos la diferencia por el trato que recibieron en la infancia. Su hija de Corea (adoptada de bebé) tiene el mismo desarrollo emocional y mental que sus padres. Es feliz y próspera. Su otra hija adoptiva, después de varios años en su casa, aún no siente un gran apego emocional por ellos, no entiende bien cómo formar parte de una familia y no ha avanzado mucho en la superación del retraso en su desarrollo. Nunca superará por completo el modo en que su mente y sus emociones se formaron los primeros años de su vida, cuando careció del afecto y la atención de los adultos.

¿Sabías que hay aproximadamente 140 millones de huérfanos en el mundo y que se adoptará a menos del 1 por ciento de ellos en el transcurso de un año?[1] Muchos de estos niños crecen en orfanatos. Y, al igual que la segunda hija adoptiva de Darago, muchos llegan a la edad adulta por detrás de otras personas de su edad en casi cada medida de desarrollo. Joe me abrió los ojos a esta realidad.

Mis conversaciones con él me inspiraron a crear The Hope Effect, que asigna hogares de acogida de calidad a los niños huérfanos en vez de asignarlos a orfanatos impersonales. Y cuando necesité un ejecutivo para mi organización, supe adónde debía ir. Al igual que yo había cambiado y me había empezado a dedicar al blog sobre minimalismo, Joe adoraba ser sacerdote, pero estaba dispuesto a tomar un rumbo distinto en la vida cuando apareciera la oportunidad correcta. Hoy aporta a nuestra organización una comprensión más íntima de las necesidades de los niños de la que yo podría tener, porque él ha visto el efecto tanto del buen cuidado de los huérfanos como del mal cuidado en su propio hogar.

Las cosas que vamos encontrando en la vida nos redirigen de un modo misterioso y maravilloso a lugares donde podemos marcar la diferencia si prestamos atención y estamos receptivos cuando aparecen nuevas cimas. Las decisiones que tomamos tal vez no tengan sentido para otra gente que ve nuestra vida desde afuera. Pero *nosotros* sabemos que es la decisión correcta.

Disidencia cognitiva

Tengo ciertas frases que uso una y otra vez porque siempre hay alguien que necesita escucharlas. Esta es una de las más populares: «No tienes que vivir como el resto del mundo. De hecho, es probable que seas más feliz si no lo haces».

No tienes que vivir como el resto del mundo.
De hecho, es probable que seas más feliz si no lo haces.

Piensa en todas las distracciones mencionadas en la tercera parte de este libro. ¿No son esas distracciones el modo en que la mayoría de la gente vive y *espera* vivir porque no conoce otra manera de hacerlo?

- Vivir para uno mismo: todo el mundo lo hace.
- Buscar más dinero: todo el mundo lo hace.

- Comprar más cosas: todo el mundo lo hace.
- Intentar llamar la atención: todo el mundo lo hace.
- Vivir pensando en los fines de semana y las vacaciones: todo el mundo lo hace.
- Recurrir al teléfono para entretenerte en un momento libre: cielos, sí, es que todo el mundo lo hace.

Debería haber puesto las palabras «todo el mundo» entre comillas. Porque, en realidad, no todas las personas lo hacen, sino solo la mayoría. Ya sabes, el *rebaño*.

Sé que es difícil separarse del rebaño. Vivimos en una cultura que nos ruega conformismo. A través de mensajes diversos, nos insta a entrar a presión en su molde. Presiona nuestras mentes para creer y aceptar sus opiniones, anhelos y aspiraciones, aunque las búsquedas que definen la mayor parte de nuestra cultura nunca satisfarán por completo nuestros corazones y almas. Se supone que no debemos pensar distinto sobre nada.

Y luego, dado que vivimos conforme a nuestra cultura, perdemos nuestras peculiaridades. Perdemos nuestra pasión. Perdemos nuestra energía. Perdemos nuestra oportunidad de elegir un futuro diferente. Y dado que estamos demasiado ocupados persiguiendo las cosas equivocadas, sacrificamos nuestras oportunidades de encontrar algo mejor y más gratificante en esta vida.

Mientras tanto, al menos para muchos de nosotros (eso creo de verdad), nuestros corazones nos suplican que vivamos de un modo distinto. Nuestro espíritu nos llama para ir en busca de nuestras propias pasiones. Nuestras almas piden a gritos un sentido. Nuestro interior anhela que tengamos vidas contraculturales.

Durante la lectura de este libro, ya te has enfrentado a las mayores distracciones de tu vida. Y te has curtido mientras lo hacías. Ahora es momento de afrontar algo más: la verdad de que, inevitablemente, serás distinto a los demás. Sobresaldrás entre la multitud.

A algunos no les gustará tu originalidad. Otros te criticarán. Pero creo que descubrirás que muchos otros te admirarán. Quizás incluso se sentirán atraídos por tu ejemplo e inspirados a seguirlo. No sé, esa es mi experiencia. Hay más insatisfacción en el rebaño de la que creemos. Como dije al principio de este libro, puedes volverte un modelo a seguir para tener una vida intencional con sentido.

Así que anda: sé contracultural, rebelde, inconformista. No tienes que alardear de tu diferencia ante los demás, pero tampoco tienes que ocultarla. Acéptala.

¿Cuál es la alternativa? Lo único que hace el rebaño es dar vueltas, pastar. ¿Quién quiere eso?

Tienes lugares a los que ir, montañas que escalar y cosas que hacer. Cosas buenas.

Hacer del mundo un lugar mejor

Años atrás, cuando apenas acababa de graduarme en la Universidad de Nebraska en banca y finanzas, empecé a trabajar como pasante en una iglesia grande en Omaha. Fue una experiencia maravillosa para un joven. Agradezco la oportunidad que me dieron al principio de mi carrera.

En un momento, durante una reunión con más de veinte sacerdotes, el sacerdote más veterano hizo una declaración que aún recuerdo hoy, muchos años después. De hecho, aún puedo ver la sala, el lugar donde estaba sentado y el sitio donde el sacerdote estaba de pie cuando lo dijo. Lo expresó de un modo bastante simple: «Procuro dejar cada estancia en la que entro un poco mejor que como la encontré».

No aportaba necesariamente información nueva sobre la responsabilidad personal, pero había algo en su sinceridad que hizo que su mensaje calara en mi mente. Continuó con una lista de ejemplos específicos de su vida en los que implementó esa premisa: limpiar las estancias de su casa, ordenar estancias de la iglesia, incluso limpiar los estantes de cada baño público que usa.

«Mi objetivo es dejar la estancia un poco mejor para la próxima persona que entre».

Cuando terminó, nos llevó afuera, al aparcamiento, donde recogimos toda la basura que encontramos. Veinte hombres y mujeres vestidos como sacerdotes, codo con codo, trabajando de una punta a la otra del aparcamiento, recogiendo basura. Una lección aprendida y, aparentemente, imposible de olvidar.

Los grandes objetivos que decidimos cumplir en nuestra vida nos darán una sensación de satisfacción y gratificación: una felicidad altruista. Pueden ser tan emocionantes como alcanzar por fin la cima de una montaña después de un largo sendero. Pero los beneficios personales son efectos secundarios. El objetivo en sí mismo está centrado en cubrir las necesidades ajenas.

Ir en busca de cosas que importan nos hará más interesantes y nos diferenciará de la masa uniforme del rebaño. Pero, al margen del rumbo que tengan tu historia o la mía, un modo en el que quienes perseguimos un propósito podemos juzgar si nuestras acciones realmente importan es preguntarnos si están beneficiando a otros. Debido a que llevas una vida intencional...

- ¿Tienes relaciones más sanas?
- ¿Los pobres están mejor, o los enfermos se encuentran mejor, o los incultos están mejor informados?
- ¿Nuestro mundo físico está en mejores condiciones?
- ¿Hay más belleza que disfrutar?
- ¿Hay más sabiduría que absorber?
- ¿Hay más amabilidad respecto a los frágiles corazones de la gente?

Obviamente, no puedes ocuparte de todos los problemas del mundo, pero tarde o temprano debería haber *algo* tangible o identificable que muestre lo que estás haciendo. Y si lo hay, cuando llegues al final de tu vida, podrás mirar atrás y decir con honestidad que has hecho algo para que el mundo sea mejor de lo que era cuando llegaste a él, que tu vida importó. No habrá arrepentimiento alguno.

La unidad en el hogar

Optar por donar dinero, vivir con menos posesiones o abordar el tiempo de descanso de un modo diferente son cosas que no solo sorprenden a quienes lo atestiguan, sino que también afectan a nivel personal a las personas más cercanas a ti. Empezar a ofrecer algún tipo de servicio que pase a tener prioridad sobre tus antiguos pasatiempos también puede afectar a tus seres queridos. Y será mejor que no lo ignores.

Hace pocos años hablé con una mujer que estaba haciendo mi taller para desprenderse de cosas. Su esposo y ella eran profesionales con empleos bien pagados. Habían iniciado su matrimonio con una idea clara de cómo sería su vida juntos: ganar mucho dinero y vivir a lo grande, tener un hijo, luego jubilarse antes de tiempo y tener una «buena vida» relajada. Su esposo aún quería vivir así. Sin embargo, ella había empezado a ver las cosas de otro modo.

Pensé que me iba a preguntar cómo hablar con su esposo sobre el minimalismo, pues ya me han hecho antes ese tipo de consulta. Pero resulta que el interés de la mujer por reducir sus posesiones solo era la primera señal de una serie de cambios que estaba contemplando.

«Joshua, ¿cómo le digo a Preston que quiero renunciar a mi empleo para trabajar por la mitad del salario como abogada de una organización sin ánimo de lucro? Aunque suponga menos dinero para nosotros, tendrá un impacto mayor en el mundo. Pero aun así es algo distinto a lo que él pensaba que yo haría».

No recuerdo con exactitud qué le respondí, aunque hice lo mejor que pude por darle un consejo útil. Pero, desde entonces, he pensado mucho más en este tema.

Cuando la gente hace grandes cambios en sus vidas que afectan a otras personas, mi primer consejo es medir lo cercana que es la relación con esos otros afectados. Si tu pareja o tu hijo adolescente, es decir, personas con un vínculo estrecho, se verán afectadas por estos cambios, entonces es importante considerar cuál será la respuesta de ese ser querido. Si tu tía abuela no lo entiende, o si un compañero de trabajo cree que estás loco, bueno, quizás no es necesario que eso te moleste tanto.

En el caso de que tengas que lidiar en tu propio hogar con alguien que está preocupado, o incluso molesto, por los cambios que te estás planteando hacer, la comunicación es esencial. Dile lo que piensas hacer y qué te motiva a hacerlo. Pídele su punto de vista, no para manipularlo, sino porque esa persona tendrá una perspectiva diferente a la tuya, al igual que sentimientos que realmente necesitas tener en consideración.

En tu ímpetu por hacer aquello que te importa, no pases por alto la importancia del vínculo con tu pareja y con tus hijos (si los tienes). Estos vínculos son una parte importante de tu vida. Como decía en un capítulo anterior, mientras planeas un futuro lleno de actividades más significativas, es primordial recordar el valor de los deberes más importantes frente a nosotros. Esos deberes incluyen mantener vínculos saludables con las personas con las que tenemos un compromiso.

Cuando llegues al final de tu vida, no solo querrás arrepentirte de pocas de las cosas que hiciste en tu vida, sino también arrepentirte poco de cómo hiciste esas cosas.

Así que nunca abandones tu amor, porque eso es una pérdida, por muchas otras ganancias que tengas en la vida. Lo repetiré: nunca abandones tu amor. No apartes a las personas más cercanas a ti, sino trata de convertirlos en tus aliados, en tus compañeros y en tus animadores. En tu equipo.

Mientras tanto, lo justo es que *tú* estés listo para unirte a *su* equipo. Anima a la gente que te importa a que evite malgastar su tiempo en «lujos sin sentido» y «actividades que no son buenas» (como dijo Séneca, ¿recuerdas?), y que, en cambio, busquen objetivos y propósitos significativos. Luego, conviértete en aliado, compañero y animador.

En el capítulo 5 conté la anécdota en la que llevé a un grupo de adolescentes a Ecuador para llevar a cabo una misión corta que incluía pasar un día con personas que vivían en vertederos. Fue un viaje transformador para todos. Algo que me perturbó de ese viaje fue lo que sucedió antes de irnos. Varios padres se negaban a permitir que sus hijos participaran en el viaje, aunque los chicos estaban entusiasmados por ir.

Les decía a los padres: «Depende de ustedes, claro. Pero tengo curiosidad: ¿Por qué no quieren que vayan?».

La respuesta siempre era una variación de esta: «Me preocupa que no sea seguro para ellos».

Lo he visto miles de veces. Supongo que había cierto riesgo en el viaje de la misión, como en cualquier viaje internacional, pero, la verdad, no era para tanto. Sin duda, los posibles peligros no eran nada en comparación con la «certeza» de que los jóvenes que permanecieran en casa se perderían una oportunidad de abrir los ojos y ver una mayor magnitud de necesidad, y de que la compasión invadiera sus jóvenes corazones sensibles. Espero que esos padres y esos chicos no se arrepientan de ello.

Compartir el viaje

Me temo que echaré mano de un cliché en esta última parte de libro. (Aunque, bueno, los clichés perduran en una lengua tanto tiempo porque suelen ser ciertos). En tu búsqueda de lo importante y de lo que es significativo para ti *importa más el camino que el destino*. Ahí lo tienes.

He usado mucho palabras como *logro* y *meta* en este libro porque cumpliremos algunas metas y culminaremos algunas cimas en nuestro viaje. Pero, en realidad, la vida que llevamos a lo largo del camino es el fruto de nuestras nuevas búsquedas del que jamás nos arrepentiremos.

Las distracciones en nuestra vida nos vuelven frenéticos y nos descentran, hacen que los días pasen como cartas que se barajan rápidamente mientras apenas notamos las diferencias entre una y otra. Pero curiosamente, lo maravilloso es que una vida con propósito no solo es más productiva, sino que también suele ser más pacífica, porque sabemos que estamos haciendo lo que debemos hacer y podemos relajarnos. Así que aprovecha este nuevo propósito en tu vida para optimizar tus relaciones, celebrar los momentos especiales y sentir de verdad la tristeza, la alegría y las demás emociones que generan tus experiencias.

Aprovecha este nuevo propósito en tu vida para optimizar tus relaciones, celebrar los momentos especiales y sentir de verdad la tristeza, la alegría y las demás emociones que generan tus experiencias.

Y, a ser posible, en medio de todo esto, permite a otros compartir tu viaje. Cuando empecé el blog *Becoming Minimalist*, no tenía ni idea de que seguiría escribiendo en él más de una década después. Pensé que su ciclo de vida sería breve y que tal vez algunas personas lo considerarían interesante y compartirían sus historias conmigo. También quería un medio para ordenar mis ideas sobre lo que, para mí, era un nuevo modo de pensar: el minimalismo. Siempre me ha resultado esclarecedor expresar las cosas con palabras.

Me alegra mucho haber mantenido el blog todos estos años. No solo porque es la base de mi misión y de mis ingresos en la actualidad, sino porque sigue siendo un medio para compartir con los demás mientras ordeno mis propios pensamientos cambiantes, solo que con más visibilidad de la que solía tener.

¿Cómo puedes compartir tu camino con los demás? Quizás un blog sea la respuesta para ti, como lo fue para mí. Pero hay muchas otras posibilidades. Quizás publiques informes de tus avances para tus amigos en redes sociales. Quizás crees un consejo informal con el que te reúnas por videollamada. Quizás tengas conversaciones improvisadas con tu familia y tus amigos.

La cuestión es que no te dediques a ir en busca de aquello que te importa aislado en una oscura cueva creada por ti mismo. Hazlo a la luz del día, donde tú y otras personas afines podáis recibir apoyo para encarar el futuro. Cuéntale al mundo cuáles son esas búsquedas importantes en las que estás inmerso.

Algún día, alguien te hará esta pregunta de distintas formas: «¿Cómo puedo vivir centrado en lo que me importa y evitar arrepentirme?».

Ya tendrás lista tu respuesta: «Eligiendo bien. Dejando a un lado búsquedas insignificantes para poder dar sentido a tu vida. Y es algo que debes hacer cada día. Te contaré mi historia...».

Tu turno

Una vez tuve una conversación con un hombre moribundo, un conocido. Le pregunté qué había hecho desde la última vez que lo había visitado.

«Intento aprovechar al máximo mis últimos días», dijo.

Pensé: «¡Qué buen consejo! Todos deberíamos intentar aprovechar al máximo nuestros días, sin importar cuántos nos queden».

Y ahora ha llegado el momento de despedirme mientras prosigues tu camino para aprovechar al máximo tu vida.

Has identificado las metas más significativas para ti. Has hecho una introspección profunda en tus miedos y deseos, y has empezado con el arduo trabajo de eliminar lo que te distrae de tu propósito. Creo con total sinceridad que te esperan cosas que ni siquiera imaginas ahora mismo: cosas hermosas e inspiradoras, panoramas inimaginables y cosas que no querrías perderte por nada del mundo.

Pero, primero, hay algo más que me gustaría que hicieras.

Quiero que escribas la última frase de este libro, porque ahora ya ha terminado y tú estás al mando. Esta es tu vida y deberías vivirla bien. Toma un bolígrafo o un lápiz, si quieres, y termina este capítulo:

Este es el comienzo de mi nuevo compromiso para ir en busca de aquello que me importa. Hoy me desharé de las distracciones para poder... ---

Ejercicio extra

Descubre tus propósitos

¿Qué te importa más en la vida?

Quizás ya conoces la respuesta a esta pregunta. En mi experiencia, muchas personas tienen una idea general de lo que más les importa, aunque les vendría bien un poco de ayuda para aclarar esos objetivos y plantearse firmemente dejar que estos moldeen sus vidas. Otras personas aún intentan descubrirlo. Si has estado buscando un propósito en la vida o si solo quieres reevaluar tu opinión actual al respecto, esta guía te dará las herramientas para lograrlo. Es beneficioso para nosotros revisar nuestras metas cada tanto, dado que nuestras vidas, familias y pasiones cambian.

Antes de nada, no creo que haya una respuesta «correcta» para cada persona. Uno tiene muchos propósitos y pasiones que le podrán llevar a una vida plena, así que espero que eso te reconforte. Sin embargo, no se trata de una cantidad infinita. Y no dispones de un tiempo infinito para perseguir esas metas. Así que es crucial que tengas lo más claro posible cuál es tu mayor propósito para que pueda influir en tus elecciones diarias y en tu futuro.

Cuando tengas una idea de una misión que puedes lograr en tu vida, empieza a avanzar hacia ella.

En una época tenía un sueño relacionado con mi vida y se lo conté a un hombre llamado Rudy Sheptock una tarde mientras almorzábamos en

Burger King. Rudy tuvo mucha influencia en mi vida durante mis años en la universidad. Lo admiraba mucho, y quería conocer su opinión y sus consejos. Lo que dijo aquel día sobre lo que yo soñaba para mi vida han resonado en mi corazón durante la mayoría de mis búsquedas más importantes.

«A veces, los sueños son como las puertas de una tienda —me dijo—. «Puede parecer que están cerradas desde donde estás, pero, cuando empiezas a dar pasos para cumplirlos, la puerta se abrirá justo cuando estés listo para ello».

La intersección

Ya sabes con certeza qué es lo que más te importa. Ya sabes qué problemas del mundo te incitan a entrar en acción, qué oportunidades querrías aprovechar y dónde ves los mejores resultados. Es probable que ya te hayas hecho una buena idea de las obligaciones que hay en tu vida. Pero tal vez no has considerado esos elementos como pistas importantes que te guían hacia tu propósito. Así que esta es una manera genial de acceder a esa información: busca la intersección entre tus pasiones, tus habilidades y las necesidades de otros. Piensa en ello como si fuera un diagrama de Venn donde las tres realidades se superponen.

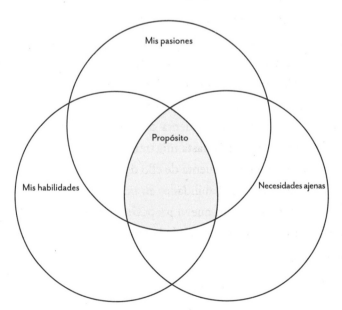

Mis pasiones

Tus pasiones son las cosas que te entusiasman. Las actividades que te hacen perder la noción del tiempo, los temas en los que no puedes dejar de pensar, las causas o las personas que te tocan el corazón.

Por ejemplo, como ya sabrás a estas alturas, me apasiona ayudar a los demás a tener menos posesiones para que puedan vivir más. Ya lo he hecho durante más de una década y no ha dejado de gustarme. Aún me entusiasmo cuando veo a gente regalándose a sí misma libertad. Participo un poco en ello: ¡Y es genial! Pero también me apasiona mi fe y mi familia, y crear hábitos saludables que contribuyan a tener una vida con propósito.

A otra gente le apasiona el teatro, el medio ambiente, rezar y meditar, los deportes juveniles, la política, la nutrición, la educación infantil, el ejercicio o su misión corporativa. Las opciones son infinitas y, por suerte, todos tenemos cosas favoritas distintas.

Mis habilidades

Tus habilidades son los talentos y las competencias naturales que tienes. Pueden ser cosas en las que siempre has sido bueno, como inspirar a los demás en alguna causa o tener empatía por los que sufren, o talentos específicos como la carpintería, la cocina o la informática. O podrían ser talentos que descubriste o desarrollaste más adelante en la vida. También pueden incluir conocimientos, como llevar la contabilidad de una empresa, hablar mandarín o resolver problemas rápido.

Yo tengo talento natural para comunicar, ya sea por escrito o de forma verbal. Pero no me di cuenta de que podía escribir de un modo que resonara con los demás hasta mis treinta y tantos años. En resumen, era un don, pero no me di cuenta de ello de inmediato. Cuando descubrí que lo tenía, el círculo de habilidades en mi diagrama de Venn comenzó a expandirse y a ofrecer un nuevo propósito para mi vida.

Del mismo modo, tus habilidades son regalos que puedes darle al mundo.

Las necesidades ajenas

Esta categoría tal vez incluya cuidar de las necesidades de una persona de tu familia con una enfermedad crónica, ayudar a una familia de acogida de tu comunidad o donar dinero a una nación que se enfrenta a las consecuencias de una catástrofe natural. Tal vez sea ver la necesidad de dar apoyo a través de un foro online para padres de niños diagnosticados recientemente de una enfermedad terminal, o tal vez pase por sentarte a acompañar a una viuda reciente de tu barrio. En otras palabras, tal vez descubras que te atrae más ayudar a los demás a nivel individual que a nivel global, o al revés. Las circunstancias, sin duda, influyen en cómo podemos ayudar y servir a los demás, así que es importante reevaluarlo con el tiempo.

Esta categoría es la que empieza a separar *metas* de *propósitos*. Hacer senderismo en el Gran Cañón tal vez sea una *meta* que te motiva (y no hay nada malo en eso), pero usar tu amor por el senderismo para conectar con un hijo rebelde o para ser el mentor de un chico sin padre puede ser tu *propósito*.

Si alguna vez experimentas la tentación de sentir que te abruman todas las necesidades que te rodean, recuerda el diagrama de Venn. No te estás comprometiendo a ayudar en todos los problemas del mundo, sino que estás centrándote solo en los que se superponen con tus pasiones y habilidades.

Unir las piezas del puzle para encontrar lo que más te importa

Las tres categorías de tu diagrama de Venn son necesarias para encontrar tu propósito vital.

- Si algo no te apasiona, es insostenible.
- Si no eres capaz de hacerlo, no es realista.
- Si no cubre una necesidad, no ayuda.

Allí donde se superponen estas tres categorías es donde puedes ser más fructífero y donde te sentirás más realizado.

Para ayudarte a discernir tus pasiones, tus habilidades y las necesidades que te interpelan, te invitaré a responder a algunas preguntas clave. Lo digo una vez más: ya sabes con certeza qué es lo que más te importa (a medida que avances por estas preguntas, te ayudarán a pulir tu visión).

He dejado espacio para que escribas las respuestas. Pero, incluso si no quieres ir a buscar un bolígrafo, al menos detente a reflexionar un rato sobre cada pregunta antes de continuar. Las revelaciones más profundas sobre ti mismo tal vez no aparezcan de inmediato.

Identificar tus pasiones

1. ¿Qué tipo de trabajo me entusiasma?

Cuando la mayoría escuchamos la palabra *trabajo*, pensamos de inmediato en lo que hacemos para pagar las facturas. Pero, en este caso, piensa más allá de tu empleo. En el diccionario, la definición de *trabajo* no está para nada vinculada a un salario. Es simplemente «esfuerzo realizado para producir o lograr algo».[1] A eso me refiero aquí.

Quizás cuando piensas en el «trabajo que te entusiasma», lo primero que te viene a la mente es tu puesto de trabajo. Ese es mi caso. No es el de todo el mundo, pero si tu *empleo* y el *trabajo que te entusiasma* son lo mismo, eres uno de los afortunados.

Si no es tu caso, entonces ¿qué tipo de *actividad productiva* te entusiasma? Quizás sea la jardinería, la pintura o la cocina. Tal vez sea escribir, liderar o construir. Tal vez haya algunos aspectos de tu trabajo que disfrutas mucho, aunque la situación completa no te entusiasme. Cuando empiezas a definir el propósito de tu vida, *el trabajo que disfrutas haciendo* es el punto más importante por el que empezar. Tu propósito en la vida no será necesariamente fácil, pero en general es algo que al menos te interesa.

Yo me gano la vida ayudando a los demás a descubrir la dicha y los beneficios de minimizar. De ese modo, mi empleo es el trabajo que me entusiasma (no me pasa con todos sus elementos, sino con la mayoría). Por otra parte, no gano nada con The Hope Effect, el orfanato sin ánimo de lucro que fundé. Pero aun así me encanta y me entusiasma ese trabajo:

dar forma a mi visión, liderar la junta directiva e influir en la cultura de la organización. Se trata de un *trabajo* que me entusiasma, aunque no sea mi empleo.

Así que mientras respondes estas preguntas, piensa en las partes de tu trabajo que te resultan más naturales o en los desafíos actuales que quieres afrontar. ¿Cuál es tu empleo soñado? Y más importante: ¿Por qué es tu empleo soñado? Cuando no estás haciéndolo, ¿qué tipo de trabajo te entusiasma más? Si pudieras crear una situación perfecta en la que ser voluntario, ¿cómo sería?

Tipos de trabajo que revelan cuáles son mis pasiones:

1. _____

2. _____

3. _____

2. ¿Qué experiencias (positivas y negativas) han moldeado mi manera de entender el mundo y las cosas que me importan?

Al menos en parte, todos somos producto de nuestro pasado. Ciertas experiencias tienen efectos que resuenan en nosotros durante el resto de nuestra vida. Algunas experiencias de nuestro pasado son positivas, otras negativas, pero todas nos han moldeado de alguna manera. Para esta pregunta, haz una lista de cuatro o cinco experiencias que se te ocurran cuando piensas en la pregunta: ¿Qué experiencias me han influenciado más?

- El hijo de unos misioneros que creció en países extranjeros se siente ciudadano del mundo.
- Una mujer con una hermana menor con una discapacidad de desarrollo ve el mundo diferente.
- Un hombre que creció viendo a su padre rico despilfarrar dinero tendrá, sin duda, ciertas opiniones respecto a la riqueza.

- Un adolescente que pierde a su padre en un accidente automovilístico verá que su mundo cambia en un instante. Al igual que un padre que perdió a su hijo en una tragedia.

Las cuatro o cinco experiencias de mi pasado que
más han influido en quién soy hoy:

1. _____

2. _____

3. _____

4. _____

5. _____

Identifica tus habilidades

3. ¿Qué cosas hago bien?

¿Por qué habilidades suelen halagarte? O ¿cuáles te piden que hagas, o te pagan por hacer? Una facilidad para algo que algunas personas tienen y otras envidian.

No lo pienses demasiado esta vez; las habilidades que se nos ocurren rápido son, probablemente, las más certeras. Pueden ir desde algo banal (jugar al golf) a algo importante (hacer diagnósticos médicos), y eso está bien. Escribe diez (o incluso más) de ellas para recordarlas. Luego, mientras las relees, pregúntate: «¿Alguna de ellas indica que existe algún patrón?».

Cosas que hago bien:

1.
_____

2.
_____

3.
_____

4.
_____

5.
_____

6.
_____

7.
_____

8.
_____

9.
_____

10.
_____

4. ¿Qué características usaría para describirme?

Entender lo que te hace único y por qué es importante para el mundo es uno de los mayores regalos que puedes hacerte a ti mismo y a los demás. Estos atributos no son lo mismo que tus talentos y tus habilidades. Ahora hablamos de cosas como tu personalidad, tu temperamento, tus valores, tu estilo personal y tus gustos.

Quizás ya hayas realizado test de personalidad que te ayudarán. ¿Myers-Briggs? ¿Eneagrama? ¿DISC? Conocer tus atributos te ayudará a comprender en qué búsquedas te resultará más cómodo encajar. Y además, el autoconocimiento nos ayuda a sentirnos más cómodos con quienes somos en vez de desear ser algo que no somos.

Mis cinco atributos personales favoritos:

1. _____

2. _____

3. _____

4. _____

5. _____

Identifica las necesidades ajenas que te conmueven

5. ¿Qué necesidades en el mundo captan mi atención?

Lamentablemente, las necesidades del mundo son infinitas. Pero he notado algo: la mayoría de la gente parece interesada en una o dos necesidades en particular. ¿Cuáles son los problemas que ves en el mundo y que captan tu atención reiteradas veces, incluso cuando no aparecen en las noticias? Podría tratarse de la injusticia racial, el sistema de acogida infantil, las enfermedades mentales, la pobreza, la vivienda accesible, la violencia contra las mujeres, las necesidades espirituales que ves en el mundo, o una necesidad puntual de tu comunidad. Estas son las necesidades a las que ya prestas atención. Una vez más, pueden ser globales o individuales, pero siempre dicen algo sobre dónde centrar tus pasiones y tus habilidades.

Necesidades ajenas que me conmueven en particular:

1.

2.

3.

4.

5.

6. ¿Qué experiencias de mi pasado me hacen sentir empatía hacia otros en la misma situación?

¿Y si el dolor y el sufrimiento que viviste en tu vida no fueran solo problemas que tuviste que soportar? ¿Y si pudieras redimirlos?

Un hermoso modo de sacar algo bueno del dolor es consolar a otros que están pasando por la misma situación. Puedes darles apoyo y cuidarlos como nadie más puede hacerlo cuando compartes tu propia experiencia, ya sea tu historia de superación del TEPT, la pérdida de un hijo, un despido o una carga de recuerdos dolorosos de tu infancia.

Algunas de estas experiencias quizás coincidan con tus respuestas a la pregunta número dos, y es algo esperable. Es probable que hayas hecho una lista de tus mayores sufrimientos en la lista de experiencias que más influyeron en ti. La diferencia es que aquí deberías centrarte específicamente en esas situaciones de dolor o sufrimiento que han hecho que sientas empatía por otros en la misma situación. Escribe todas las que puedas.

Problemas propios que me han hecho sensibilizarme con los problemas
de los demás:

1.
_____

2.
_____

3.
_____

4.
_____

5.
_____

Las tres cosas más importantes

Espero que cada vez tengas más claro lo que más te importa en tu vida. A medida que vamos aprendiendo cada vez más cosas sobre nosotros mismos, a medida que adquirimos nuevos talentos distintos y añadimos experiencias de vida (aquello que hemos evaluado en las seis preguntas previas), conocemos cada vez mejor el rol único que podemos ocupar en el mundo.

A medida que tu situación vital y tus relaciones cambian, los intereses que se concentran en el centro de tu diagrama de Venn probablemente también cambien un poco. Pero ahora que eres más consciente de tus pasiones, tus talentos y las áreas en las que puedes servir a los demás, estarás listo para ver nuevas oportunidades cuando lleguen.

Échale un vistazo (ya sea en papel o en tu mente) al sitio donde tus pasiones, tus habilidades y las necesidades ajenas se superponen.

*Las tres principales actividades significativas que se me ocurren a raíz
de esta superposición:*

1.
_____

2.
_____

3.
_____

Visto con un poco de distancia, ¿estarías de acuerdo en que esas tres cosas son lo que más te importa ahora? En otras palabras: ¿Los resultados del diagrama de Venn resuenan contigo? Si no lo hacen, ¿qué cambios harías?

Voy a incluir un diagrama en blanco en esta página para que puedas completarlo. Basándote en tus respuestas previas, ¿qué habilidades se te ocurren? ¿Qué pasiones se te ocurren? ¿Qué necesidades ajenas se te ocurren de inmediato?

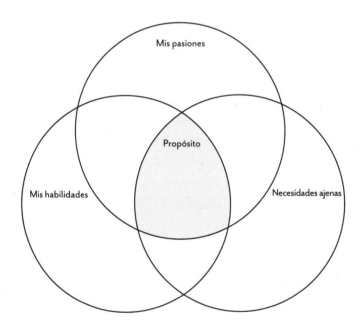

Una cosa más en la que pensar mientras terminamos este ejercicio: si alguien repasara tu vida diaria, ¿podría deducir que estas son las tres cosas que más te importan? ¿Por qué? ¿Qué cambios necesitarías hacer para que estas tres cosas te recuerden a ti (y al mundo) que sabes qué es lo más importante?

Por último, da un paso de inmediato para cumplir tu propósito. Incluso si aún tienes dudas de hacia dónde deberías dirigirte, no permitas que eso se convierta en una distracción más que te prohíba avanzar. ¡En marcha! El mundo está lleno de senderos. Puedes tomar desvíos por diferentes caminos cada vez que sea necesario, siempre y cuando continúes avanzando hacia un futuro sin arrepentimientos.

Agradecimientos

Es fascinante hacer un repaso por tu vida para determinar por qué ves el mundo como lo ves, y escribir este libro me obligó a hacerlo. Por supuesto, es una experiencia agradable si estás feliz con tu visión del mundo. Y ese es mi caso sin duda alguna.

Le dediqué este libro a mi abuelo, el reverendo Harold E. Salem, que falleció mientras yo lo escribía. Las lecciones de vida que he aprendido de él se ven de la primera página hasta la última. Pero él no es la única voz que ha moldeado mi visión del mundo.

Mis cuatro abuelos tuvieron vidas llenas de fe, significado y propósito. Arnold, Edna, Harold y Beulah, gracias por vuestro amor y por dar un ejemplo digno de seguir.

A mis padres, Roy y Patty: vuestra lealtad, vuestra fe, vuestro amor y vuestra estabilidad me han permitido convertirme en el hombre que soy. Gracias.

A mi esposa, Kimberly: tu amor, tu sacrificio y tu generosidad son evidentes en cada día de mi vida y en cada página de este libro.

A mis hermosos hijos, Salem y Alexa: gracias por la alegría que le dais a mi vida, por ayudarme a ver el mundo con ojos nuevos y por darme la oportunidad de escribir este libro.

Las voces que han moldeado este libro no terminan con mi familia, porque he sido bendecido con valiosas amistades, tanto temporales como para toda la vida. Robert Thune Sr., Mark Arant, Jack y Linda Arant, Rudy Sheptock, Joe Darago, Jack y Diana Stimmel, Scott y Diane Slocum, Gregg Walsh y Jeff Kolok: cada uno de vosotros sois parte de este libro. Gracias por mostrarme una vida centrada en lo que verdaderamente importa.

Eric Stanford, este libro existe solo gracias a tu maravilloso talento. Gracias por insistirme reiteradas veces para que lo escribiera y por tu paciencia y fe en mi capacidad de poner en palabras mis pensamientos.

Estoy agradecido con todo el equipo de WaterBrook, desde los diseñadores de cubierta e ilustradores al equipo de edición y publicidad. Un especial agradecimiento con todo mi cariño a Susan Tjaden, quien le dio forma al contenido de este libro desde el principio.

A mi agente, Christopher Ferebee: tu fe en mí y en este libro ha dado como resultado lo que sostienes en este instante.

Y a toda la comunidad de *Becoming Minimalist*: vuestro apoyo y aliento me han permitido hacer lo que hago. Gracias.

Por desgracia, me he olvidado más nombres de los que he mencionado. Pero es imposible terminar una lista de agradecimientos sin mencionar a Jesús, cuya gracia salvadora me ha permitido lograr algo bueno en mi vida. Gracias.

Notas

Capítulo 1. Una vida sin arrepentimientos

1. Bronnie Ware, «Regrets of the Dying», https://bronnieware.com/blog/regrets-of-the-dying. Véase también Bronnie Ware, *The Top Five Regrets of the Dying: A Life Transformed by the Dearly Departing* (Carlsbad, CA: Hay House, 2012; versión castellana en *Los cinco mandamientos para tener una vida plena: ¿De qué no deberías arrepentirte nunca?*, Editorial Debolsillo, Barcelona, 2012). Las cinco cosas de las que se arrepiente la gente antes de morir son las siguientes: (1) ojalá hubiera tenido el coraje de vivir una vida fiel a mí mismo, y no haber vivido de acuerdo con lo que los demás esperaban de mí. (2) Ojalá no hubiera trabajado tanto. (3) Ojalá hubiera tenido el coraje para expresar mis sentimientos. (4) Ojalá me hubiera mantenido en contacto con mis amigos. (5) Ojalá me hubiera permitido ser más feliz.

2. La encuesta *Things that Matter Survey* la realizó American Directions Research Group en representación de Becoming Minimalist LLC. La encuesta representativa a nivel estadounidense de cuatrocientos participantes se realizó online en febrero de 2021. Los participantes tenían dieciocho años o más y eran de Estados Unidos. Los porcentajes de respuestas tal vez no suman el cien por cien por el redondeo. Algunas preguntas de la encuesta presentadas en este libro se han modificado levemente para poder combinar las respuestas en menos categorías. Los resultados completos de la encuesta se pueden consultar en www.becomingminimalist.com/things-that-matter-survey

3. Seneca, «De la brevedad de la vida», en *Diálogos y cartas,* trad. C. D. N. Costa (Penguin, Nueva York, 1997), 57.

4. Para conocer la historia de mis inicios en el minimalismo, consulta *The More of Less: Finding the Life You Want Under Everything You Own* (WaterBrook, Colorado Springs, CO, 2016), capítulo 1.

Capítulo 2. Distraídos del significado

1. Seneca, *Cartas seleccionadas,* trad. Elaine Fantham (Oxford University Press, Nueva York, 2010), 115.

2. N. S. Gill, «Profile of Demosthenes», ThoughtCo., 3 de junio de 2019, www. thoughtco.com/demosthenes-greek-orator-118793

3. Frank Furedi, «The Ages of Distraction», Aeon, 1 de abril de 2016, https:// aeon.co/essays/busy-and-distracted-everybody-has-been-since-at-least-1710

4. Olivia Solon, « Under Pressure, Silicon Valley Workers Turn to LSD Microdosing», *Wired*, 24 de agosto de 2016, www.wired.co.uk/article/lsd-microdosing-drugs-silicon-valley

5. Blaise Pascal, *Pensées*, trad. A. J. Krailsheimer (Penguin, Nueva York, 1995), 120.

6. La fuente original de la cita es desconocida, aunque su primer uso conocido aparece en Ernest T. Campbell, «Give Ye Them to Eat» (sermón, Riverside Church, Nueva York, 25 de enero de 1970). Véase https://archive.org/details/sermongiveyethem00camp/page/8/mode/2up?view=theater

Capítulo 3. Sueños eclipsados

1. «What Scares Us Most: Spiders or Failing? Linkagoal's Fear Factor Index Clears the Cobwebs», Linkagoal, 12 de octubre de 2015, https://www.yahoo.com/news/lifestyle/sof-vergara-shares-jaw-dropping-202900835.html?guccounter=1&guce_referrer=aHR0cHM6Ly93d3cuZ29vZ2xlLmNvbS8&guce_referrer_sig=AQAAAGw_97jwhDR4cQtHFB5j4xQEut2vG0LrfdY89slg_R_nkREK0bwSZ7ASlbOgb9Z4QvXALe5pwR22oLC9kYrB5m0M-47I0rX9gS2CXgxvdWFvZ0GbvW39ELD2aaP95BXgrqpe3B8dZtylQZDn7guosO188vLt5pIRc0cZzSgqLT5M

2. «What Scares Us Most: Spiders or Failing?», ibídem

3. Anjelica Oswald, «J.K. Rowling Shares Photos of Her Rejection Letters for "Inspiration"», Insider, 25 de marzo de 2016, www.businessinsider.com/jk-rowling-rejection-letters-2016-3

4. «Michael Jordan "Failure" Commercial HD 1080p», video de YouTube, publicado por Scott Cole, 8 de diciembre de 2012, www.youtube.com/watch?v=JA7G7AV-LT8

5. «Ranking the Top 74 NBA Players of All Time», ESPN, 13 de mayo de 2020, www.espn.com/nba/story/_/id/29105801/ranking-top-74-nba-players-all-nos-10-1

6. Theo Tsaousides, «Why Fear of Failure Can Keep You Stuck», *Psychology Today*, 27 de diciembre de 2017, www.psychologytoday.com/us/blog/smashing-the-brainblocks/201712/why-fear-failure-can-keep-you-stuck

7. Don Joseph Goewey, «85 Percent of What We Worry About Never

Happens», *Huffington Post,* 25 de agosto de 2015, www.huffpost.com/entry/85-of-what-we-worry-about_b_8028368; y Seth J. Gillihan, «How Often Do Your Worries Actually Come True?», *Psychology Today,* 19 de julio de 2019, www.psychologytoday.com/us/blog/think-act-be/201907/how-often-do-your-worries-actually-come-true

8. Noam Shpancer, «Overcoming Fear: The Only Way Out Is Through», *Psychology Today,* 20 de septiembre de 2010, www.psychologytoday.com/us/blog/insight-therapy/201009/overcoming-fear-the-only-way-out-is-through

9. Ernest Becker, *Escape from Evil* (Free Press, Nueva York, 1975), 4.

10. Melanie J. Kirk, «My Greatest Fear in Life», *The Post-Grad Survival Guide,* 4 de febrero de 2019, https://medium.com/the-post-grad-survival-guide/

11. L. Frank Baum, *El maravilloso mago de Oz* (1939).

Capítulo 4. Heridos

1. Deanna Hutchison, «How I Learned to Declutter My Mind», *Becoming Minimalist,* 18 de febrero de 2020, https://www.becomingminimalist.com/declutter-my-mind/

2. Meg Jay, «The Secrets of Resilience», *Wall Street Journal,* 10 de noviembre de 2017, www.wsj.com/articles/the-secrets-of-resilience-1510329202

3. Jay, «The Secrets of Resilience», ibídem.

4. Jay, «The Secrets of Resilience», ibídem.

5. Christine Wilkens, conversación telefónica con el autor, 2 de abril de 2021.

Capítulo 5. El monstruo del ego

1. Viktor Frankl, prefacio de la edición 2015: *El hombre en busca de sentido* (1946).

2. Raj Raghunathan, «Why Rich People Aren't as Happy as They Could Be», *Harvard Business Review,* 8 de junio de 2016, https://hbr.org/2016/06/why-rich-people-arent-as-happy-as-they-could-be

3. Summer Allen, *The Science of Generosity* (Greater Good Science Center, Berkeley, CA, May 2018), https://ggsc.berkeley.edu/images/uploads/GGSC-JTF_White_Paper-Generosity-FINAL.pdf?_ga=2.11753270.38977004.1608835647-1616817560.1608835647; Matthew Solan, «The Secret to Happiness? Here's Some Advice from the

Longest-Running Study on Happiness», *Harvard Health Blog*, 5 de octubre de 2017, www.health.harvard.edu/blog/the-secret-to-happiness-heres-some-advice-from-the-longest-running-study-on-happiness-2017100512543; y Robert Waldinger, «Learning to Take Care of Our Relationships», *Simplify*, 1 de junio de 2017, https://simplifymagazine.com/essay/relationships

4. Kathleen Doheny, «Looks, Money, Fame Don't Bring Happiness», ABC News, 22 de mayo de 2009, https://abcnews.go.com/Health/Healthday/story?id=7658253&page=1

5. Heather Horn, «Promiscuity Doesn't Make People Happier», *The Atlantic*, 22 de agosto de 2010, www.theatlantic.com/national/archive/2010/08/promiscuity-doesn-t-make-people-happier/340249

6. Compara con Olga Khazan, «Fewer Sex Partners Means a Happier Marriage», *The Atlantic*, 22 de octubre de 2018, www.theatlantic.com/health/archive/2018/10/sexual-partners-and-marital-happiness/573493

7. Temma Ehrenfeld, «Will Plastic Surgery Make You Feel Better?», *Psychology Today*, 15 de julio de 2015, www.psychologytoday.com/us/blog/open-gently/201507/will-plastic-surgery-make-you-feel-better

8. Emily Esfahani Smith, «You'll Never Be Famous-and That's O.K.», *New York Times*, 4 de septiembre de 2017, www.nytimes.com/2017/09/04/opinion/middlemarch-college-fame.html. Véase también Eva H. Teltzer *et al.*, «Mexican American Adolescents' Family Obligation Values and Behaviors: Links to Internalizing Symptoms Across Time and Context», *Developmental Psychology* 51, n.º 1 (2015): 75-86, https://doi.org/10.1037/a0038434; y Veronica Huta y Richard M. Ryan, «Pursuing Pleasure or Virtue: The Differential and Overlapping Well-Being Benefits of Hedonic and Eudaimonic Motives», *Journal of Happiness Studies* 11, n.º 6 (diciembre de 2010): 735-762, https://doi.org/10.1007/s10902-009-9171-4

9. Smith, «You'll Never Be Famous», ibídem.

10. P. J. O'Rourke, *All the Trouble in the World: The Lighter Side of Overpopulation, Famine, Ecological Disaster, Ethnic Hatred, Plague, and Poverty* (Atlantic Monthly Press, Nueva York, 1994), 9.

11. Bruce P. Doré *et al.*, «Helping Others Regulate Emotion Predicts Increased Regulation of One's Own Emotions and Decreased Symptoms of Depression», *Personality and Social Psychology Bulletin* 43, n.º 5 (mayo de 2017): 729-739, https://doi.org/10.1177/0146167217695558

12. Marianna Pogosyan, «In Helping Others, You Help Yourself», *Psychology Today*, 30 de mayo de 2018, www.psychologytoday.com/us/blog/between-cultures/201805/in-helping-others-you-help-yourself

13. Stephanie Booth, «How Helping People Affects Your Brain», *Healthline*, 15 de diciembre de 2018, www.healthline.com/health-news/how-helping-people-affects-your-brain#How-your-brain-lights-up-when-you-help. Véase también Tristen K. Inagaki y Lauren P. Ross, «Neural Correlates of Giving Social Support: Differences Between Giving Targeted Versus Untargeted Support», *Psychosomatic Medicine* 80, n.º 8 (octubre de 2018): 724-732, https://doi.org/10.1097/PSY.0000000000000623

Capítulo 6. Ya es suficiente

1. Timoteo, 6:10.

2. Catey Hill, «This Is the No. 1 Reason Americans Are So Stressed Out», MarketWatch, 17 de diciembre de 2018, www.marketwatch.com/story/one-big-reason-americans-are-so-stressed-and-unhealthy-2018-10-11

3. «Majority of Investors with $1 Million or More in Assets Do Not Consider Themselves Wealthy, According to Ameriprise Study», Ameriprise Financial Services, 17 de julio de 2019, https://ir.ameriprise.com/news-events/news-releases/press-release/2019/Majority-of-Investors-with-1-Million-or-More-in-Assets-do-not-Consider-Themselves-Wealthy-According-to-Ameriprise-Study/default.aspx

4. Graeme Wood, «Secret Fears of the Super-Rich», *The Atlantic*, abril de 2011, www.theatlantic.com/magazine/archive/2011/04/secret-fears-of-the-super-rich/308419

5. Jay Harrington, «Why Men Need Minimalism», *Becoming Minimalist*, www.becomingminimalist.com/why-men-need-minimalism

6. Jay Harrington, «Ambitious Minimalism: How Owning Less Frees Us to Achieve More», *Becoming Minimalist*, www.becomingminimalist.com/ambitious-minimalism

7. R. Andres Castaneda Aguilar *et al.*, « September 2020 Global Poverty Update from the World Bank: New Annual Poverty Estimates Using Revised 2011 PPPs», *World Bank Blogs*, 7 de octubre de 2020, https://blogs.worldbank.org/opendata/september-2020-global-poverty-update-world-bank-new-annual-poverty-estimates-using-revised

8. Para descubrir lo rico que eres desde una perspectiva global, visita Giving What We Can, www.givingwhatwecan.org/how-rich-am-i

9. Wood, «Secret Fears of the Super-Rich», ibídem.

10. Benjamin Preston, «The Rich Drive Differently, a Study Suggests», *New York Times*, 12 de agosto de 2013, https://wheels.blogs.nytimes.com/2013/08/12/the-rich-drive-differently-a-study-suggests. Si te interesa, los conductores de BMW son los que más se saltan las normas.

11. Benjamin Franklin, citado en S. Austin Allibone, comp., *Prose Quotations from Socrates to Macaulay* (J. B. Lippincott & Co., Filadelfia, 1876), 128.

12. Howard R. Gold, «Price Tag for the American Dream: $130K a Year», *USA Today*, 4 de julio de 2014, www.usatoday.com/story/money/personalfinance/2014/07/04/american-dream/11122015

13. Greg McBride, citado en Anna Bahney, «Nearly a Quarter of Americans Have No Emergency Savings», CNN, 20 de junio de 2018, https://money.cnn.com/2018/06/20/pf/no-emergency-savings/index.html

14. «World Hunger Is Still Not Going Down After Three Years and Obesity Is Still Growing—UN Report», Organización Mundial de la Salud (OMS), 15 de julio de 2019, www.who.int/news/item/15-07-2019-world-hunger-is-still-not-going-down-after-three-years-and-obesity-is-still-growing-un-report; y WWAP (Programa Mundial de Evaluación de los Recursos Hídricos), *United Nations World Water and Development Report 2014: Water and Energy*, 2014, https://unesdoc.unesco.org/ark:/48223/pf0000225741, 2.

15. «401(k) Participants' Investing Behavior May Leave Them Short», Charles Schwab, www.aboutschwab.com/schwab-401k-participant-study-2019

16. Nicole Lyn Pesce, «A Shocking Number of Americans Are Living Paycheck to Paycheck», MarketWatch, 11 de enero de 2020, www.marketwatch.com/story/a-shocking-number-of-americans-are-living-paycheck-to-paycheck-2020-01-07; y Amanda Dixon, «A Growing Percentage of Americans Have No Emergency Savings Whatsoever», Bankrate, 1 de julio de 2019, www.bankrate.com/banking/savings/financial-security-june-2019

17. Lara B. Aknin *et al.*, «Prosocial Spending and Well-Being: Cross-Cultural Evidence for a Psychological Universal», *Journal of Personality and Social Psychology* 104, n.º 4 (2013), 635-652, https://doi.org/10.1037/a0031578

18. Elizabeth W. Dunn, Lara B. Aknin, y Michael I. Norton, «Prosocial Spending and Happiness: Using Money to Benefit Others Pays Off» abstract, Current Directions in Psychological Science 23, n.º 1 (February 2014): 41–47, https://doi.org/10.1177/0963721413512503

Capítulo 7. Obstáculos en el camino hacia el propósito

1. Ernest Becker, *Escape from Evil* (Free Press, Nueva York, 1975), 4-5.

2. Becker, *Escape from Evil*, 84-85.

3. Jessica Pishko, *In the Red* (Little A, Seattle, 2016), Kindle.

4. Pishko, *In the Red*, ibídem.

5. «Antes del período de cuarenta años de 1977-2017, el total de donaciones fue igual o superior al 2 por ciento del PBI. Cayó por debajo del 2 por ciento a lo largo de la mayor parte de las décadas de 1970, 1980 y 1990. El total de donaciones como porcentaje del PBI subió al 2 por ciento o más durante la mayor parte de la década de 2000, pero luego cayó al 1,9 por ciento de 2009 a 2011. El total de donaciones como porcentaje del PBI fue del 2,1 por ciento durante cuatro de los cinco años, 2013-2017.» «Giving Statistics», Charity Navigator, www.charitynavigator.org/index.cfm?bay=content.view&cpid=42

6. «PBI (US$ a precios actuales) – United States», Banco Mundial, https://datos.bancomundial.org/indicador/NY.GDP.MKTP.CD?locations=US

7. Maurie Backman, «You Don't Need That: Average American Spends Almost $18,000 a Year on Nonessentials», *USA Today*, 7 de mayo de 2019, www.usatoday.com/story/money/2019/05/07/americans-spend-thousands-on-nonessentials/39450207

8. John Ruskin, *Notes by Mr. Ruskin on Samuel Prout and William Hunt* (Strangewater & Sons, Londres, 1879-80), 96.

9. «Average Minutes Per Day Men and Women Spent in Household Activities» (2015), American Time Use Survey, US Bureau of Labor Statistics, www.bls.gov/tus/charts/household.htm

10. Linda Gorman, «Hours Spent in Homemaking Have Changed Little This Century», *The Digest*, National Bureau of Economic Research, octubre de 2008, www.nber.org/digest/oct08/hours-spent-homemaking-have-changed-little-century

11. Amy Morin, «7 Scientifically Proven Benefits of Gratitude», *Psychology Today*, 3 de abril de 2015, www.psychologytoday.com/us/blog/what-mentally-strong-people-dont-do/201504/7-scientifically-proven-benefits-gratitude

12. Mary MacVean, «For Many People, Gathering Possessions Is Just the Stuff of Life», *Los Angeles Times*, 21 de marzo de 2014, www.latimes.com/health/la-xpm-2014-mar-21-la-he-keeping-stuff-20140322-story.html

13. Alain de Botton, *Status Anxiety* (Vintage, Nueva York, 2005), 43.

Capítulo 8. De moda

1. Scott Barry Kaufman, «Why Do You Want to Be Famous?», *Scientific American*, 4 de septiembre de 2013, https://blogs.scientificamerican.com/beautiful-minds/why-do-you-want-to-be-famous

2. Orville Gilbert Brim, *Look at Me! The Fame Motive from Childhood to Death* (University of Michigan Press, Ann Arbor, 2010), 28.

3. Kaufman, «Why Do You Want to Be Famous?», ibídem.

4. Benedict Carey, «The Fame Motive», *New York Times*, 22 de agosto de 2006, www.nytimes.com/2006/08/22/health/psychology/22fame.html

5. Rebecca J. Rosen, «Something Like 0.0086% of the World Is Famous», *The Atlantic*, 22 de enero de 2013, www.theatlantic.com/technology/archive/2013/01/something-like-00086-of-the-world-is-famous/267397

6. Oluebube Princess Egbuna, «Distracted by Fame?», *Medium*, 17 de diciembre de 2018, https://medium.com/@egbunaoluebube

7. Egbuna, «Distracted by Fame?», ibídem.

8. 1 Corintios 13:13.

9. *The Works of Robert G. Ingersoll*, ed. C. P. Farrell, vol. 11 (Dresden Publishing, Nueva York, 1902), www.gutenberg.org/files/38813/38813-h/38813-h.htm#K

Capítulo 9. Las playas se vuelven aburridas

1. Dorothy Sayers, «Why Work?» en *Letters to a Diminished Church: Passionate Arguments for the Relevance of Christian Doctrine* (1942; repr., W Publishing Group, Nashville, 2004), 118-25.

2. Gallup, *State of the Global Workplace* (Gallup Press, Nueva York, 2017), 22-24. Añadieron datos de 155 países entre 2014 y finales de 2016. (1) A los empleados «involucrados» los definen como «muy activos y entusiastas respecto a su trabajo y la oficina. Son "dueños" a nivel psicológico, impulsan el desempeño y la innovación, y hacen que la empresa mejore». (2) Los empleados que «no se involucran demasiado» «no tienen lazos psicológicos con su trabajo y su empresa. Dado que no satisfacen por completo sus necesidades de sentirse implicados, dedican tiempo al trabajo, pero sin energía o pasión». (3) Los empleados que «no se involucran para nada» «no solo son infelices en el trabajo, sino que están resentidos porque no se satisfacen sus necesidades y actúan desde su malestar. Cada día, estos trabajadores pueden sabotear lo que sus compañeros implicados logran».

3. CareerBuilder, «Increased Number of Workers Calling in Sick When They Aren't, Finds CareerBuilder's Annual Survey», PR Newswire, 16 de noviembre de 2017, www.prnewswire.com/news-releases/increased-number-of-workers-calling-in-sick-when-they-arent-finds-careerbuilders-annual-survey-300555582.html

4. Zoya Gervis, «Here's How Many Days a Year the Average American Spends Daydreaming About a Vacation», SWNS Digital, 24 de octubre de 2019, www.swnsdigital.com/2019/10/heres-how-many-days-a-year-the-average-american-spends-daydreaming-about-a-vacation

5. Hannah Sampson, «What Does America Have Against Vacation?», *Washington Post*, 28 de agosto de 2019, www.washingtonpost.com/travel/2019/08/28/what-does-america-have-against-vacation

6. Sampson, «What Does America Have Against Vacation?», ibídem.

7. Amanda Dixon, «Americans Reveal Ideal Ages for Financial Milestones», Bankrate, 18 de julio de 2018, www.bankrate.com/personal-finance/smart-money/financial-milestones-survey-july-2018

8. Axel von Herbay, «Otto von Bismarck Is Not the Origin of Old Age at 65», *Gerontologist* 54, n.º 1 (febrero de 2014): 5, https://doi.org/10.1093/geront/gnt111; y Social Security Administration, «Age 65 Retirement», www.ssa.gov/history/age65.html

9. Aspen Gorry, Devon Gorry, y Sita Slavov, «Does Retirement Improve Health and Life Satisfaction?», Working Paper 21326, National Bureau of Economic Research, julio de 2015, doi:10.3386/w21326, www.nber.org/papers/w21326

10. Kathy Kristof, «Surprise—Money Doesn't Guarantee Happy Retirement. Here's What Does», *Inc.*, marzo/abril de 2018, www.inc.com/magazine/201804/kathy-kristof/happy-retirement-satisfaction-enjoy-life.html

11. Stephen Wright, «The Difference Between Happy and Unhappy Retirees», *Pinnacle Quarterly*, Vision Wealth Planning, enero de 2020, 12, https://static.twentyoverten.com/5a29586cd744f3738318b502/zeZKOzCfW/VISION-Quarterly-Q1-2020.pdf (énfasis añadido).

12. Matt Clarke, «Long-Term Recidivism Studies Show High Arrest Rates», *Prison Legal News*, 3 de mayo de 2019, www.prisonlegalnews.org/news/2019/may/3/long-term-recidivism-studies-show-high-arrest-rates

Capítulo 10. Luces parpadeantes

1. Cal Newport, *Digital Minimalism: Choosing a Focused Life in a Noisy World* (Penguin, Nueva York, 2019), 8.

2. «The Nielsen Total Audience Report: August 2020», Nielsen, 13 de agosto de 2020, www.nielsen.com/us/en/insights/report/2020/the-nielsen-total-audience-report-august-2020. El tiempo total de consumo de pantallas en 2020 ha aumentado casi una hora al día en comparación con el año 2019, lo que representa el tiempo adicional que los estadounidenses pasaron con las pantallas durante el aislamiento de la COVID-19. La encuesta también aclara que «puede haber cierta cantidad de uso simultáneo entre dispositivos».

3. Rani Molla, «Tech Companies Tried to Help Us Spend Less Time on Our Phones. It Didn't Work», *Vox*, 6 de enero de 2020, www.vox.com/recode/2020/1/6/21048116/tech-companies-time-well-spent-mobile-phone-usage-data. Las cifras de uso de los teléfonos provienen de la empresa de productividad de software RescueTime.

4. J. R. Thorpe, «This Is What Too Much Screen Time Does to You», *Bustle*, 6 de noviembre de 2020, www.bustle.com/wellness/117838-5-things-too-much-screen-time-does-to-your-body. Véase también Juliane Horvath *et al.*, «Structural and Functional Correlates of Smartphone Addiction», *Addictive Behaviors* 105 (junio de 2020), https://doi.org/10.1016/j.addbeh.2020.106334

5. Thorpe, «This Is What Too Much Screen Time Does to You». Véase también Xiao Wang, Yuexuan Li, y Haoliang Fan, «The Associations Between Screen Time-Based Sedentary Behavior and Depression: A Systematic Review and Meta-analysis», *BMC Public Health* 19, art. n.º 1524 (2019), https://doi.org/10.1186/s12889-019-7904-9

6. Moran Bodas *et al.*, «Anxiety-Inducing Media: The Effect of Constant News Broadcasting on the Well-Being of Israeli Television Viewers», *Psychiatry* 78, n.º 3 (2015): 265-276, https://doi.org/10.1080/00332747.2015.1069658

7. Thorpe, «This Is What Too Much Screen Time Does to You». Véase también Eva M. Selhub y Alan C. Logan, *Your Brain on Nature: The Science of Nature's Influence on Your Health, Happiness, and Vitality* (Wiley, Mississauga, Ontario, Canadá, 2012), 45.

8. Kermit Pattison, «Worker Interrupted: The Cost of Task Switching», *Fast Company*, 28 de julio de 2018, www.fastcompany.com/944128/worker-interrupted-cost-task-switching. Véase también Gloria Mark, Daniela Gudith y Ulrich Klocke, «The Cost of Interrupted Work: More Speed and Stress», *CHI '08: Proceedings of the SIGCHI Conference on Human Factors in Computing Systems* (6 de abril de 2008): 107-110, https://doi.org/10.1145/1357054.1357072

9. Nicholas Carr, *The Shallows: What the Internet Is Doing to Our Brains*, ed. actualizada (Norton, Nueva York, 2020), 10.

10. Cal Newport, *Deep Work: Rules for Focused Success in a Distracted World* (Grand Central, Nueva York: 2016).

11. Cal Newport, citado en Eric Barker, «Stay Focused: 5 Ways to Increase Your Attention Span», *Time*, 26 de junio de 2014, https://time.com/2921341/stay-focused-5-ways-to-increase-your-attention-span

12. Newport, *Digital Minimalism*, ibídem, 6-7.

13. Newport, *Digital Minimalism*, ibídem, 9.

14. Lydia Belanger, «10 Ways Technology Hijacks Your Behavior», *Entrepreneur*, 3 de abril de 2018, www.entrepreneur.com/article/311284

15. Avery Hartmans, «These Are the Sneaky Ways Apps Like Instagram, Facebook, Tinder Lure You in and Get You "Addicted"», Insider, 17 de febrero de 2018, www.businessinsider.com/how-app-developers-keep-us-addicted-to-our-smartphones-2018-1

16. Adam Alter, *Irresistible: The Rise of Addictive Technology and the Business of Keeping Us Hooked* (Penguin, Nueva York, 2018), 10.

17. Nir Eyal, *Indistractable: How to Control Your Attention and Choose Your Life* (Bloomsbury, Londres, 2019), 2.

18. Tristan Harris, citado en Alex Kantrowitz, «"Social Dilemma" Star Tristan Harris Responds to Criticisms of the Film, Netflix's Algorithm, and More», *OneZero*, 7 de octubre de 2020, https://onezero.medium.com/social-dilemma-star-tristan-harris-responds-to-criticisms-of-the-film-netflix-s-algorithm-and-e11c3bedd3eb

Capítulo 11. Vive la historia que quieres contar

1. UNICEF y otros socios globales definen como huérfano al niño o la niña menor de 18 años de edad que ha perdido uno o ambos progenitores por cualquier causa de muerte. Según esta definición, había casi 140 millones de huérfanos a nivel global en 2015: 61 millones en Asia, 52 millones en África, 10 millones en Latinoamérica y el Caribe, y 7,3 millones en Europa del Este y Asia Central. «Huérfanos» UNICEF, https://web.archive.org/web/20210522095925/https://www.unicef.org/es/huérfanos

Ejercicio extra

1. Dictionary.com, s.v. «work», www.dictionary.com/browse/work